100 Recetas Sanas

Con alimentos que curan

100 Recetas Sanas

Con alimentos que curan

RBA

100 RECETAS SANAS CON ALIMENTOS QUE CURAN

Coordinación Editorial: Raquel Puente Carballo

Edición: María T. López, Farmacéutica y Técnica en Nutrición y Dietética, y Raquel Puente

Maquetación: Tana Latorre

Diseño de Cubierta: Tana Latorre

Fotos: Archivo RBA, Thinkstock

Depósito Legal: B-23070-2012

ISBN: 978 84 9006 412 2

Impreso en España por ROTÄBOOK

Printed in Spain

Las fichas de las recetas incluyen la siguiente información: Las dolencias en las que está especialmente indicada, el tiempo de preparación y cocción, las calorías por persona o ración y los ingredientes necesarios para su preparación.

Significado de los pictogramas

- Colesterol
- Cáncer
- Diabetes Tipo 2
- Estreñimiento
- Obesidad
- Osteoporosis
- Hipertensión

Introducción

Comer sano puede ser divertido, fácil, sabroso y, además, una verdadera inversión en salud. Te proponemos las 100 mejores recetas para lograrlo

Un 35% de los españoles intenta comer de todo, aunque no siempre lo consigue, un 18% asegura que su alimentación es sana y equilibrada, y un 9% reconoce que toma lo que le apetece en cada momento y sin pensar en su salud. La realidad es que comemos más que hace unas décadas, pero eso no significa que comamos mejor.

ALIMENTOS "PROTECTORES"

Comer bien significa dar a tu organismo todos los nutrientes que necesita todos los días y en las cantidades adecuadas. De esa forma la alimentación te ayuda a prevenir enfermedades y a mejorar tu calidad de vida. Un estudio realizado por la Universidad de Cambridge (Reino Unido) acaba de demostrar que hábitos saludables como, por ejemplo, tomar cinco raciones de fruta y verdura al día reducen hasta cuatro veces el riesgo de morir prematuramente y disminuyen la edad biológica 14 años.

¿Quieres saber cómo incluir en tus menús diarios los alimentos más saludables? En las siguientes páginas te lo explicamos de manera sencilla y práctica: con 100 recetas que incluyen los alimentos con más propiedades beneficiosas para la salud.

TE LO PONEMOS FÁCIL

La mayoría de los alimentos con propiedades saludables son los que se encuentran en cualquier despensa: frutas y verduras frescas, cereales como el pan o la pasta, legumbres..., pero si no sabes cómo sacarles todo el partido, en este libro encontrarás sencillos consejos y recetas para lograrlo.

COCINA SANA EN POCO TIEMPO

En la actualidad, la cocina diaria va ligada a las prisas, pero la falta de tiempo no tiene por qué influir en la calidad de la dieta: se puede comer bien, variado y rico sin pasarse el día entre fogones. Los platos que te proponemos son un buen ejemplo, ya que la mayoría se preparan en poco tiempo: si no dispones de 1 hora para elaborar la crema de castañas de la página 70 seguro que sí tienes 15 minutos para la ensalada de peras, queso y uvas (página 67).

Las 100 recetas de este libro incluyen ingredientes para todos los gustos. El resultado es una enorme variedad de platos agrupados en cinco apartados: uno de recetas para todo el año y otros cuatro dedicados a cada estación. ¡Esperamos que disfrutes con todas ellas!

Sabías que...

Más no quiere decir mejor. La industria alimentaria ha puesto a nuestro alcance más de 30.000 productos cuando nuestras abuelas apenas disponían de unos 100. Sin embargo, eso no se ha traducido en una alimentación más variada ni tampoco más saludable, ya que hoy los precocinados, de fácil preparación, ganan terreno a los alimentos frescos, cuyo consumo ha disminuido de manera extraordinaria.

La alimentación y la salud

La dieta es uno de los factores que más influye en la salud: ayuda a prevenir enfermedades, a sentirse mejor y aumenta el rendimiento físico y mental

"Somos lo que comemos", se suele decir. Realmente es así, y los alimentos que tomamos nos aportan la energía y los componentes necesarios para que nuestro cuerpo funcione. Y funcionará mejor si nuestra dieta es sana y equilibrada. Cada vez disponemos de más datos científicos que confirman que existen alimentos que pueden protegernos frente a muchas enfermedades, como las frutas y las verduras frescas. Por otro lado, también se ha demostrado que algunos hábitos alimentarios no son nada recomendables si se quiere cuidar la salud y a la vez no engordar: tomar poca fibra, comer en exceso, las dietas ricas en grasas perjudiciales (saturadas y trans) y azúcares refinados, el abuso del alcohol... son la causa probable de muchas patologías.

TRES PASOS PARA UNA DIETA EQUILIBRADA

No existe una única dieta para prevenir todas las enfermedades, pero sí ayuda a mantener la salud alimentarse con moderación, variedad y equilibrio. De esta manera podremos disfrutar del placer de comer sin tener que preocuparnos por el sobrepeso, ni otros problemas de salud asociados a la dieta.

Parece fácil de cumplir, pero disponemos de tal cantidad y variedad de alimentos que nos resulta difícil escoger y, en lugar de comer mejor, resulta que cada vez es más frecuente encontrar personas con sobrepeso y, paradójicamente, malnutridas, es decir con carencias.

El problema está en que muchas veces solemos basar nuestra dieta en alimentos que aportan muchas calorías pero pocos nutrientes y eso es lo que, a corto o largo plazo, puede hacer que en nuestro organismo salten las alarmas y lleguemos a enfermar.

MODERACIÓN: DE TODO UN POCO

Para asegurar el aporte de todas las sustancias que necesita nuestro cuerpo y en la cantidad suficiente para no padecer ningún trastorno, ni por exceso ni por defecto, hay que comer de todo, pero con moderación.

Es la única manera de garantizar el aporte de la energía y nutrientes (proteínas, grasas, hidratos de carbono, vitaminas y minerales), y también otros componentes no nutritivos de los alimentos, como la fibra y los antioxidantes, pero que se ha demostrado que tienen un efecto protector frente a un gran número de enfermedades: hipertensión arterial, diabetes, obesidad, ciertos tipos de cáncer...

Por otro lado, es importante respetar los horarios: comer a las mismas horas, cinco veces al día (ayuda a evitar excesos y a que la dieta sea más variada) y dedicar un mínimo de 30 minutos a cada comida, ya que tan importante es lo que comes como masticar bien esos alimentos y, de esta forma, lograr que su digestión resulte más fácil.

TRUCOS PARA RESTAR CALORÍAS Y GANAR SALUD

El 38 por ciento de los españoles reconoce que en ocasiones come más de lo que debería. Somos conscientes de ello, así que el primer paso ya lo hemos dado y ahora toca ponerle remedio ajustando la ingesta calórica al gasto de energía. De esta forma, lograrás ganar salud y perder peso. La forma más fácil y saludable para restar calorías de manera efectiva es tomar el mínimo

¿Y para beber?

Agua. Necesitamos tomar, diariamente, unos dos litros de agua para reponer la que perdemos a través de la respiración, el sudor, la orina... Una parte la obtenemos de los alimentos, especialmente de las frutas y verduras (pueden proporcionar hasta 1 litro), pero no es suficiente y por eso se aconseja beber de 6 a 8 vasos. Además de agua, otras opciones sanas y bajas en calorías para ingerir líquido son las infusiones, limonadas (prepáralas con una parte de limón en cinco partes de agua), y zumos o caldos vegetales caseros.

Además de dieta, ejercicio

Pequeños cambios. Conocemos la importancia que tiene el ejercicio en la salud y en el peso, pero vivimos en una época sedentaria. Eso tiene fácil solución y pequeños cambios en la rutina diaria, como subir escaleras, ir andando al trabajo... te ayudarán a llevar una vida más activa y saludable.

Grandes beneficios. El ejercicio regular no solo es bueno para moldear la figura y perder peso, además incrementa nuestro nivel de energía, estimula la circulación sanguínea, fortalece el sistema inmune y ayuda a prevenir la osteoporosis. Incluso sirve para dormir mejor y rendir más en el trabajo.

de la llamada "comida rápida": patatas fritas, snacks salados, platos precocinados, refrescos, galletas y bollería industrial, golosinas... no deben formar parte de tu dieta habitual. La razón es que todos estos productos contienen demasiado azúcar, grasas perjudiciales, sal y aditivos, así que son sinónimo de muchas calorías a cambio de muy pocos nutrientes.

VARIEDAD DE SABORES Y TAMBIÉN DE NUTRIENTES

La variedad consiste sobre todo en no servir dos platos con ingredientes similares en un mismo menú. Por ejemplo, una ensalada de pasta como entrante y unos canelones de segundo (la pasta está presente en los dos platos). Los especialistas advierten que comemos siempre los mismos alimentos y preparados de la misma forma, lo que puede provocar carencias de ciertos nutrientes o excesos. A lo largo de estas páginas te damos ideas y 100 recetas para que puedas diseñar menús más variados y, por tanto, equilibrados. Te será muy fácil si, además, sigues estas recomendaciones:

– No incluyas en un menú dos platos con el mismo ingrediente (como en el ejemplo anterior).

– Prepara el primer y segundo plato con distintas técnicas de cocción: verduras a la plancha y pescado al vapor, por ejemplo, o combina alimentos crudos (en el entrante) y cocinados (en el segundo plato).

– Cuantos más colores, más sabores, y nutrientes, distintos.

– Compra productos de temporada: los alimentos van cambiando según el momento del año, así que la variedad está asegurada.

LOGRA EL EQUILIBRIO CON UNA ALIMENTACIÓN MÁS NATURAL

La mitad de los españoles no cumple con la pirámide alimenticia recomendada y toma demasiadas grasas y azúcares. Volver a "equilibrar" la dieta es mucho más fácil de lo que crees. Se trata de recuperar los platos de siempre (verdura de primero y de segundo algo de carne o pescado guisado con más verdura), pero aprovechando los "avances" de las nuevas técnicas: por ejemplo, cocinar las verduras al vapor en lugar de hervirlas porque se conservan mejor sus vitaminas y minerales y, además, quedan más ricas.

- **Más frutas y verduras.** El 30% de los españoles solo come una pieza de fruta al día o ninguna. Sin embargo, deberíamos tomar a diario cinco raciones (dos de verduras y tres de fruta) porque constituyen una auténtica "farmacia vegetal". Te aportan minerales, vitaminas, fibra y potentes antioxidantes (flavonoides, antocianinas, ácidos orgánicos, etc.) indispensables para la salud. Por eso, además de nutrir, nos ayudan a protegernos de la enfermedad. Mejor si son de temporada, ya que aportan lo que el organismo necesita en cada época del año.

Para comer bien hay que saber comprar

Alimentos de temporada. Son más baratos y también más nutritivos, saludables y sabrosos. Además, así tomarás menos alimentos procesados y, por tanto, menos grasas, aditivos y otros ingredientes poco saludables.

Fíjate en las etiquetas. Lee atentamente la información nutricional que aparece en los envases; resulta muy valiosa para saber qué cantidad de grasa o de azúcar esconden algunos alimentos aparentemente "inocentes".

Haz una lista. Es muy importante elaborar una lista con los alimentos que necesitas, así no caerás en la tentación de comprar algo que no te "conviene".

Tampoco pueden faltar los cereales integrales (arroz, pan, avena), las legumbres y los frutos secos por su gran aporte de energía, fibra, vitaminas, minerales y sustancias antioxidantes, entre otros nutrientes.

- **Menos grasas saturadas.** Para lograrlo debes reducir el consumo de carnes rojas, embutidos, lácteos enteros, mantequilla o los aceites vegetales de coco y de palma (la denominación de vegetal puede despistar), que se incluyen en muchos productos precocinados. Algunos, como las margarinas, salsas, bollería y pastelería industrial, también incluyen grasas trans que, al igual que las saturadas, se asocian con los niveles elevados de colesterol malo (LDL). Cualquier producto que en la etiqueta mencione "hidrogenado" o "parcialmente hidrogenado" es muy probable que contenga grasas trans.

Eso no significa eliminar totalmente las grasas, ya que son necesarias, pero sí escoger las que son saludables. Es fácil si cocinas y aliñas con aceite de oliva, tomas lácteos desnatados y comes más pescado, tanto azul como blanco (aporta ácidos grasos omega 3 capaces de reducir el nivel de colesterol y los triglicéridos).

- **Evita el azúcar oculto.** La presencia de azúcar añadido en alimentos de consumo habitual (refrescos, lácteos azucarados, salsas, cereales de desayuno...) hace que tu dieta sea demasiado rica en azúcares y, por tanto, más calórica. En la mayoría de casos se trata de azúcar "oculto", así que si no lees atentamente la información del envase no sabrás que lo estás tomando. Por otro lado, también debes reducir el azúcar de mesa, así que si te asaltan las ganas de algo dulce, recuerda que la fruta es una valiosa "golosina": sacia, es ligera y beneficiosa para la salud.

Dieta mediterránea y alimentos de temporada

Se habla mucho de sus beneficios, pero no tanto de cómo ponerla en práctica. Los productos de temporada son uno de los pilares de esta dieta ideal

La palabra dieta viene del griego y significa vida equilibrada. Eso es exactamente la Dieta Mediterránea, un estilo de vida, además de una pauta nutricional. Te propone combinar ingredientes y recetas saludables con la práctica de ejercicio moderado, lo que tiene numerosos beneficios para la salud.

¿EN QUÉ CONSISTE?

La dieta mediterránea se basa en el trío: trigo (pan, pasta), vid (uvas y vino tinto) y olivo (aceitunas y, sobre todo, aceite de oliva virgen). También tienen un papel muy destacado alimentos como verduras, hortalizas, frutas, legumbres, frutos secos, lácteos y pescado (este último como mínimo cuatro veces a la semana). En menor medida, recomienda los huevos y, con mucha moderación, la carne roja.

Otra de sus bazas es el uso de hierbas aromáticas, que añaden sabor y aroma, y mejoran la digestión. El agua es la bebida por excelencia, pero también recomienda el vino con moderación (una copa con las comidas).

En cuanto a si la dieta mediterránea es tan sana como dicen, la respuesta es sí. Está demostrado que es un buen remedio para evitar el sobrepeso, y también ayuda a prevenir enfermedades cardiovasculares, hipertensión, la diabetes tipo II o varios tipos de cánceres.

CADA VEZ MÁS LEJOS

España se aleja cada vez más de la dieta mediterránea: ha caído el consumo de frutas, verduras, pan y aceite de oliva. Y dejar de emplear aceite de oliva significa el uso de otras grasas como mantequilla, margarina o manteca, mucho menos saludables.

Un estudio reciente presentado por la Sociedad Española de Hipertensión-Liga Española para la Lucha contra la Hipertensión Arterial (SEH-LELHA) lo ha confirmado: tomamos más grasas saturadas y azúcares refinados.

A la hora de sentarse a la mesa eso significa que las abundantes verduras, platos de cuchara (legumbres) y la copa de vino con las comidas se han sustituido por la hamburguesa y los refrescos azucarados, lo que ha contribuido a que en nuestro país haya dos millones de personas con problemas de obesidad grave y, por lo tanto, con un alto riesgo cardiovascular.

¿POR QUÉ HEMOS CAMBIADO?

La facilidad en el transporte de productos ha influido, y mucho, en nuestra forma de comer: si antes teníamos que "conformarnos" con lo que había en cada estación, hoy encontramos de todo en cualquier época del año. Eso que podría parecer una ventaja, no lo es tanto y ha supuesto un cambio en nuestra dieta para ir a peor.

Para llevar una alimentación más saludable y volver a la dieta mediterránea, te proponemos "redescubrir" los alimentos de temporada: la naturaleza es sabia y nos ofrece los productos que nuestro organismo necesita para mantener la salud en cada estación. ¡Aprovéchalos!

COMPRA "LO QUE TOCA" EN CADA ESTACIÓN

Una de las recomendaciones básicas de la dieta mediterránea es tomar siempre que sea posible alimentos frescos y de temporada, sobre todo frutas y verduras, ya que tienen numerosas ventajas:

— Su aporte de vitaminas, minerales y demás nutrientes es mucho mayor cuando se recolectan en su época óptima.

— Su sabor y aroma también son mejores, ya que se han recolectado en su momento justo de maduración. En cambio, las frutas y verduras de invernadero se recogen antes de madurar y se guardan en cámaras, donde se conservan incluso durante meses pero pierden gran parte de su sabor y nutrientes.

— También son buenos para la "salud" de tu bolsillo. En general suelen ser más económicos ya que, durante el periodo que corresponde a su temporada, la oferta de estos productos es mayor y entonces su precio disminuye.

¿Cuál es el origen de la alimentación más sana?

Beneficios reconocidos. La dieta mediterránea se "descubrió" hace más de cinco décadas cuando se comprobó que la población de la isla griega de Creta tenía una menor mortalidad cardiaca respecto a otros países anglosajones y centroeuropeos (con una dieta rica en grasas y proteínas de origen animal, y dulces). A su efecto preventivo sobre las enfermedades cardiovasculares, posteriormente se le han "añadido" otros beneficios: puede contribuir a prevenir la diabetes, la obesidad y algunos tipos de cáncer.

Mucho más que una dieta. Sus beneficios no son el resultado de un componente concreto sino la combinación de todos ellos, que se complementan y potencian entre sí. Y también de unos hábitos determinados, como hacer ejercicio con regularidad, mantener un peso saludable, no fumar y reservar un tiempo para el descanso.

Nutrientes y raciones recomendadas

Se puede y se debe comer de todo, eso sí, con moderación. Se trata de asegurar que a tu cuerpo no le falta, ni tampoco le sobra, ningún nutriente

El equilibrio de la dieta dependerá de las cantidades que se tomen de cada grupo de alimentos, pero lo que vale para una persona no necesariamente también es válido para otra, ya que las necesidades nutricionales varían en función del sexo, edad, ocupación o la actividad física que desarrolle. Lo que sí existen son unas pautas, que marca la pirámide de la alimentación saludable y que te ayudarán a escoger los alimentos que necesitas tomar todos los días para mantener la salud y evitar trastornos (que pueden aparecer tanto por exceso como por defecto de determinados nutrientes).

- **Cereales, fuente de energía.** El pan, las pastas, el cuscús, el arroz... son una importante fuente de hidratos de carbono complejos, lo que equivale a energía para el organismo. En una dieta sana, se deberían incluir de 4 a 6 raciones al día —los españoles tomamos menos, en concreto 3,3 raciones, según la Encuesta Nacional de Ingesta Dietética en España—. Mejor si son integrales, ya que además aportan fibra, vitaminas del grupo B y minerales.
- **Frutas y verduras frescas.** Tienen un gran valor como protectoras de la salud, por eso se recomienda consumir tres o más piezas de fruta al día, y es preferible que una de ellas sea rica en vitamina C (cítricos, kiwi, fresa...). Aportan agua, azúcares, vitaminas, minerales y fibra.

En cuanto a las verduras y hortalizas, por su riqueza en nutrientes y su larguísima lista de propiedades saludables, no te limites a servirlas solo como acompañamiento. Toma, como mínimo, dos raciones al día, una de ellas en crudo.

- **Pescado, blanco y azul.** Aporta proteínas, grasas omega 3 –que ayudan a reducir los niveles del colesterol LDL (el malo) y a regular la presión arterial–, minerales, vitaminas y pocas calorías. Lo ideal es tomar de 3 a 4 raciones semanales. El azul es más calórico porque contiene más grasa poliinsaturada, pero también por eso sus propiedades cardiosaludables son mayores.
- **Carnes, con moderación.** Son fuente de proteínas, vitaminas del grupo B (incluida la B12) y hierro, pero también grasas saturadas, colesterol y abundantes calorías, por lo que en exceso conducen a un mayor riesgo cardiovascular y también obesidad. La dieta de los españoles supera lo recomendado, así que modera su consumo de 3 a 4 raciones (de 100-125 gramos cada una) a la semana, dando preferencia a las más magras (pollo, pavo o conejo). Las carnes rojas (cordero, buey...) limítalas a una vez a la semana.
- **Huevos.** Destacan por sus proteínas de elevada calidad, así como vitaminas (A, D y B12) y minerales. Toma de tres a cuatro a la semana.
- **Lácteos: no solo calcio.** Yogur, quesos... también son una fuente importante de proteínas y vitaminas. Lo ideal es tomar entre 2 y 4 raciones diarias. Opta por los desnatados, que contienen menos calorías, grasas saturadas y colesterol.
- **Grasas.** Son el nutriente que aporta más energía –1 gramo de grasa libera 9 kcal.– y, además, ayudan a la absorción de las vitaminas A, D, E, K, y los carotenos. La más saludable es el aceite de oliva virgen, rico en grasas monoinsaturadas y antioxidantes, por lo que debe tomarse todos los días, eso sí, dos o tres cucharadas son suficientes.

Toma nota

Más fibra. Acostúmbrate a incluir una ración de pan integral en todas tus comidas y las dos o tres veces a la semana que tomes pasta y otras tantas arroz, preferiblemente que sean integrales.

Menos azúcar. Para lograrlo te ayudará leer atentamente las etiquetas. De poco sirve reducir el azúcar de mesa si no limitas el consumo de los productos que lo contienen añadido en gran cantidad, como refrescos, galletas, bollería, helados, chocolates, cereales de desayuno, salsas, conservas o lácteos azucarados.

Simplemente indispensables

Legumbres. Garbanzos, lentejas, alubias... son muy ricos en fibra y proteínas (cuando los combinas con cereales obtienes proteínas completas). También en hidratos de carbono complejos, vitaminas (del grupo B) y minerales. Toma de 2 a 4 raciones (60-80 g/ración en crudo) a la semana.

Frutos secos. Son energéticos, pero sus beneficios bien valen esas calorías: sus grasas insaturadas ayudan a reducir el colesterol y el riesgo de enfermedades cardiovasculares. Toma unos 25 gramos al día y en sustitución de otro alimento menos saludable y no te pesarán.

Desayunos y tentempiés saludables

La mayoría de la población se "conforma" con hacer dos o tres comidas al día, pero eso no es suficiente y lo ideal es añadir dos tentempiés más

Hacer bien dos o tres comidas al día, por muy equilibradas que sean, no es suficiente para lograr una alimentación sana. Al desayuno, la comida y la cena, hay que añadir, según los nutricionistas, dos tentempiés más: uno a media mañana y otro a media tarde para asegurar la energía suficiente durante toda la jornada. "Cumplir" con esas cinco comidas sería según los expertos en nutrición el primer salto a una alimentación sana. En cambio, saltarse esas ingestas entre horas o hacerlas con alimentos demasiado calóricos o poco nutritivos puede suponer desequilibrar la dieta.

LA PRIMERA COMIDA DEL DÍA

El desayuno es una comida muy importante porque es la primera que tomas después del descanso nocturno. Con él rompes el ayuno más prolongado y que puede alargarse hasta 10 o 12 horas (depende de si desayunas nada más levantarte o no). Ten en cuenta que todo ese tiempo, el organismo debe "tirar" de sus reservas energéticas para funcionar y mantener estables los niveles de glucosa en sangre.

Si tienes por costumbre tomar solo un café o no desayunar, obligas a tu cuerpo a trabajar con el mínimo "combustible", tus reservas bajan y se produce un estado de hipoglucemia, que influye negativamente en el rendimiento y la concentración durante toda la mañana. El bajón de glucosa también aumenta las ganas de comer, así que acabas picando.

• **La combinación ideal.** Se considera que un desayuno completo debe incluir un lácteo, una ración de cereales y una fruta.Si quieres que sea ligero y te quite el hambre hasta la hora de la comida elige lácteos desnatados o quesos ligeros. En cuanto a los cereales, mejor integrales. Y la fruta, fresca y de temporada; lo ideal es un cítrico, ya que es la principal fuente de vitamina C, que te activa y refuerza las defensas.

• **Sin bollería.** La bollería y pastelería industrial no deberían formar parte de tus desayunos (ni de tu dieta, en general) por su alto contenido de azúcares, grasas poco saludables y calorías. Además, no te proporcionan ninguno de los nutrientes que necesitas para empezar el día con vitalidad y, como el organismo asimila rápidamente sus azúcares, vuelves a tener hambre al poco rato.

LA CENA, LIGERA Y MÁS TEMPRANO

Para favorecer el descanso es fundamental cenar temprano y ligero. El que la cena sea ligera facilitará la digestión y el descanso. Además, antes de irnos a dormir el gasto de energía es mínimo, por lo que si es copiosa, el exceso de calorías no se gastará y se almacenará en forma de grasa.

• **Para que no te falte de nada.** Eso no quiere decir no cenar o tomar solo una pieza de fruta y un yogur.

Para cenar sano y ligero puedes empezar con un plato de verduras cocinadas de forma sencilla (una crema o sopa de vegetales resultará nutritiva y saciante). Y de segundo, un pescado blanco, pollo (o pavo) o huevos. De postre, fruta o yogur desnatado.

Prescinde de los platos e ingredientes que aporten mucha grasa como embutidos, salsas, rebozados o fritos, y recuerda que tampoco es el mejor momento de condimentar con especias picantes.

Toma nota

Desayunos sanos

• Tazón con cereales integrales, arándanos y leche desnatada + zumo natural de naranja + infusión de té verde

• Minibocadillo integral con aceite de oliva virgen, hojas tiernas de lechuga, rodaja de tomate y queso bajo en grasa + 1 o 2 kiwis + 1 café

• Rebanada de hogaza con tomate untado, aceite de oliva y jamón ibérico + 1 yogur desnatado con frambuesas frescas + infusión de menta

• Tostada integral con requesón y compota de manzana + 1 vaso de bebida de soja

Tentempiés: picoteo sano y a su hora

No dejes pasar más de tres horas entre una comida y la siguiente. Eso no quiere decir que puedas picar lo que sea y a cualquier hora. A media mañana y en la merienda aprovecha para tomar alimentos nutritivos, que te servirán para completar las comidas principales. Te damos algunas ideas:

A media mañana:

• 1 yogur con nueces

• Batido de leche desnatada con fruta fresca

• Pan integral con tomate y queso fresco

Y para merendar:

• 1 cuajada con 3 orejones + infusión

• Pan integral con chocolate negro + zumo natural

• 1 yogur con fruta fresca

Recetas de primavera

En esta época la despensa cambia de color al mismo tiempo que el paisaje: el verde de los guisantes, el rojo de los aromáticos fresones o el naranja de los primeros nísperos. Aprovecha y llena tus platos de color... y de vitaminas

FRESA

Son una fuente extraordinaria de vitamina C (100 gramos bastan para cubrir nuestras necesidades diarias). Además, son muy ricas en antocianidinas (flavonoides responsables de su color), con una potente acción antioxidante y gran protectora de la salud: ayudan a prevenir enfermedades cardiovasculares y algunos tipos de cáncer, aumentan las defensas…

NÍSPERO

Destaca la riqueza en fibra soluble (pectinas) de su pulpa, por lo que si se toma maduro y a diario es muy eficaz para prevenir el estreñimiento. Además, es rico en betacarotenos (provitamina A), esencial para la salud de la vista, la piel, el cabello y las mucosas.

CEREZA

Es una buena fuente de triptófano, un aminoácido esencial que contribuye a aumentar la síntesis de serotonina y melatonina, sustancias que favorecen la relajación: un puñado de cerezas es un buen "remedio" en momentos de estrés o para conciliar el sueño.

POMELO

Reúne nutrientes con una gran capacidad antioxidante, lo que refuerza las defensas naturales del organismo y contribuye a reducir el riesgo de enfermedades cardiovasculares.

ALBARICOQUE

Tres albaricoques al día (unos 200 g) cubren aproximadamente el 60% de las necesidades diarias de provitamina A. Esa cantidad los convierte en la fruta más rica en este nutriente, que ayuda a conservar la salud de la vista y la piel. Tómalos maduros: son más nutritivos, sabrosos y se digieren mejor.

GUISANTES

Frescos aportan una buena cantidad de vitaminas: C, provitamina A y una elevada concentración de vitamina B1, cuya carencia produce fatiga y depresión. Por otro lado, su fibra soluble ayuda a reducir el colesterol y a regular los niveles de azúcar en la sangre.

ESPÁRRAGOS VERDES

Son conocidos por su poder diurético, que los convierte en el alimento "estrella" contra la retención de líquidos. También destacan por ser ricos en fibra y por su bajo aporte calórico. Cocerlos al vapor te permitirá disfrutar de todo su sabor sin restar apenas nutrientes.

HABAS

Frescas proporcionan solo 54 kcal por cada 100 g, se digieren mejor que secas y aportan muchas vitaminas: es una de las mejores fuentes vegetales de ácido fólico (hay estudios que relacionan los bajos niveles de este nutriente con la depresión).

ESPINACAS

Tienen un alto contenido de proteínas, algo excepcional en una verdura, y en vitamina C, que facilita la absorción del hierro que aportan. La Fundación Española del Corazón recomienda su consumo por su aporte de luteína y zeaxantina, antioxidantes que previenen las enfermedades cardiovasculares.

AJOS TIERNOS

Son la planta joven del ajo, así que su composición es muy similar, aunque menos concentrada, y sus propiedades también: antisépticas, antibióticas, favorecen la circulación sanguínea previniendo la formación de trombos, y contribuyen a regular la presión arterial.

RODABALLO

Este pescado semigraso es de fácil digestión. Aporta ácidos grasos omega 3 (aunque menos que el pescado azul), y también destaca su contenido en ácido fólico, que se relaciona con la prevención de enfermedades cardiovasculares y del cáncer.

CABALLA

La caballa es uno de los pescados más ricos en ácidos grasos omega 3, solo por detrás del salmón, eficaces para prevenir enfermedades cardiovasculares. También contiene vitamina D, tan importante o más que el calcio para la salud de los huesos.

Primer plato

Cintas con ibérico y espárragos

INGREDIENTES

- 250 g de cintas al huevo
- 1 manojo de espárragos verdes
- 100 g de jamón ibérico
- 40 g de mantequilla
- 2 cucharadas de aceite de oliva
- 2 ramitas de salvia
- Parmesano rallado
- Sal
- Pimienta

Tiempo: 20 min **Raciones:** 4 **Calorías:** 525

Lava los espárragos y retira la base. Deja las puntas enteras y trocea el resto del tronco en rodajas de aproximadamente medio centímetro.

Corta el jamón en tiras finas. Separa las hojas de salvia, lávalas y sécalas bien con papel absorbente de cocina.

Llena una olla con agua y lleva a ebullición. Cuando empiece a hervir el agua, agrega la pasta y cuece hasta que esté al dente. Escúrrela bien, riega con un chorrito de aceite de oliva y salpimenta ligeramente.

Calienta la mantequilla en una sartén antiadherente o en un wok grande y saltea los espárragos con las hojitas de salvia durante unos 2 minutos.

Incorpora las virutas de jamón ibérico, remueve y, a continuación, agrega la pasta. Retira, espolvorea con unas virutas de parmesano rallado y sirve.

Te ayuda

Esta receta aporta una elevada dosis de calcio, ya que el parmesano es el lácteo más rico en este mineral: aporta diez veces más cantidad que la leche entera y además tus huesos lo "absorben" fácilmente.

Primer plato

Tortilla de primavera

INGREDIENTES

- 6 huevos
- 150 g de guisantes
- 100 g de espinacas
- 1 cebolla grande
- 1 diente de ajo
- 6 cucharadas de aceite de oliva
- Sal
- Pimienta

Tiempo: 30 min **Raciones:** 4 **Calorías:** 260

Desgrana los guisantes. Cuécelos en agua salada 5 minutos y escúrrelos. Lava las espinacas y límpialas, retirando los tallos más gruesos. Pela la cebolla y córtala en juliana. Pela el ajo y pícalo fino.

Calienta 4 cucharadas de aceite en una sartén y sofríe la cebolla y el ajo durante 6 o 7 minutos. Añade los guisantes y las espinacas, y prosigue la cocción 3 o 4 minutos más.

Bate los huevos con sal y pimienta, y añade las verduras escurridas. Calienta el aceite restante en una sartén y vierte la mezcla. Cuaja la tortilla a fuego suave 3 o 4 minutos y dale la vuelta. Mantenla al fuego 2 o 3 minutos más y pásala a una fuente. Sírvela cortada en porciones.

Truco: Si quieres restar algunas calorías a este plato, puedes cocinar las verduras al vapor; también quedarán muy ricas.

Te ayuda

Los vegetales de esta receta tienen efecto diurético, beneficioso en caso de hipertensión, y también ayudan a disminuir las tasas de colesterol. Eso sí, para beneficiarte de estas virtudes modera la sal que añades al plato.

Primer plato

Crema de guisantes

INGREDIENTES

- 400 g de guisantes (ya desgranados)
- 250 ml de caldo vegetal
- 1 diente de ajo
- 1 cebolla
- Aceite de oliva
- Sal
- Pimienta

Tiempo: 35 min **Raciones:** 4 **Calorías:** 190

Prepara un sofrito con el diente de ajo pelado y cortado en láminas finas, y la cebolla pelada y cortada en juliana. Deja sofreír bien hasta que la cebolla esté transparente.

Cuece los guisantes en agua salada 5 minutos y añádelos al sofrito. Saltea unos minutos más al fuego mezclando bien todos los ingredientes con ayuda de una cuchara de madera.

Calienta el caldo vegetal y viértelo, poco a poco, sobre el sofrito. Retira del fuego y tritura en la batidora. Pasa la crema por un colador de malla fina o por el pasapurés. Rectifica de sal y pimienta.

Emulsiona la crema de guisantes con un poco de aceite en la batidora, para mejorar la textura del plato y su sabor. Sirve inmediatamente.

Truco: Como se indica en la elaboración de la receta, los guisantes no se deben cocer más de 5 minutos para evitar la pérdida de vitaminas.

Te ayuda

Las cremas de verduras son ideales para hidratarte y son ligeras y saciantes. Además, en el caso de los guisantes hay que destacar su elevada concentración de vitamina B1, que te llena de energía.

Primer plato

Ensalada con fresones

INGREDIENTES

- 250 g de canónigos
- 150 g de rúcula
- 1 cebolleta
- 100 g de fresones
- 50 g de queso parmesano
- Vinagre blanco
- Aceite de oliva
- Vinagre de Módena
- Sal y pimienta

Tiempo: 10 min **Raciones:** 4 **Calorías:** 270

Lava los canónigos y la rúcula, escúrrelos bien y resérvalos en una ensaladera. Corta la cebolleta en juliana. Lava y seca los fresones; retira los tallos y las hojas, y córtalos en láminas.

Corta el parmesano en virutas. Añade todos estos ingredientes a la mezcla de canónigos y rúcula.

Mezcla en un bol cuatro cucharadas de aceite con una de vinagre de Módena, una pizca de sal y otra de pimienta. Bate enérgicamente con un tenedor hasta obtener una salsa ligada.

Reparte la ensalada en cuencos individuales o platos hondos. Aliña con la vinagreta en el último momento y sirve.

Truco: Corta unos dados de pan y dóralos en una sartén antiadherente sin aceite. Añádelos a la ensalada justo antes de servir.

Te ayuda

Los variados colores de esta ensalada nos dan una pista de sus propiedades antioxidantes. Los nutrientes que aporta no solo ayudan a prevenir enfermedades cardiovasculares, sino también la anemia.

Primer plato

Huevos al plato con verduras

INGREDIENTES

- 4 huevos
- 500 g de guisantes
- 800 g de tomate maduro
- 1 cebolla
- 1 diente de ajo
- 3 cucharadas de aceite de oliva
- Sal
- Pimienta

Tiempo: 35 min **Raciones:** 4 **Calorías:** 287

Parte los tomates por la mitad y rállalos. Pela la cebolla y el ajo, y pícalos. Cuece los guisantes durante 4-5 minutos en una cazuela con agua salada hirviendo, escúrrelos y resérvalos.

Calienta una sartén con aceite de oliva y pocha la cebolla y el ajo. Añade el tomate rallado, sazona con sal y pimienta y sofríe durante 15-20 minutos, removiendo de vez en cuando, hasta que el sofrito reduzca y quede espeso.

Reparte el sofrito y los guisantes en cuatro cazuelitas aptas para el horno, casca un huevo en cada una y hornea durante 10 minutos a 180 °C. Sirve inmediatamente sobre un bajo plato para no quemarte con la cazuelita.

Truco: Si quieres que la yema quede líquida, hornea solo la clara durante 8 minutos y añade la yema los últimos 2 minutos.

Te ayuda

Esta receta aporta por un lado colina, una sustancia presente en los huevos, que juega un papel importante en la prevención de enfermedades del corazón, y por el otro fibra, que evita el estreñimiento.

Primer plato

Crema de habitas con jamón

INGREDIENTES

- 500 g de habitas frescas
- 1 cebolla
- 200 g de patata
- 50 g de jamón ibérico o serrano cortado en lonchas finas
- 2 ramitas de menta
- 1/2 litro de caldo
- 6 cucharadas de aceite de oliva
- Sal
- Pimienta

Tiempo: 30 min **Raciones:** 4 **Calorías:** 244

Pela la cebolla y córtala en juliana. Pela las patatas y córtalas en dados.

Vierte dos cucharadas de aceite de oliva en una sartén y sofríe la cebolla durante 4-5 minutos. Añade las habitas y las patatas, cubre con el caldo y deja hervir durante 25 minutos. Sazona con sal y pimienta. Tritura en la batidora.

Separa las hojas de menta, lávalas y sécalas. Introduce las hojas en el vaso de la batidora, añade el aceite de oliva restante y tritura.

Sirve la crema de habitas con unas virutas de jamón y un hilo de aceite de menta.

Truco: En lugar de preparar el aceite de menta, puedes cocer las hojitas con las habas y triturarlas con los demás ingredientes.

Te ayuda

Gracias a las habas frescas, esta crema proporciona aproximadamente la mitad de la cantidad de fibra diaria recomendada, por lo que es muy adecuada para regular el tránsito intestinal y evitar el estreñimiento.

Primer plato

Pinchos de queso y cerezas

INGREDIENTES

- 24 cerezas
- 50 g de queso de cabra tierno
- 50 g de oveja tierno
- 50 g de queso fresco de vaca
- 10 g de semillas de girasol
- 60 ml de aceite de oliva extra virgen
- 15 ml de vinagre balsámico de Módena
- 1 tomate maduro
- 6 hojas de albahaca fresca
- Unas hojas de lechuga (trocadero, hoja de roble...)
- Pimienta negra
- Sal

Tiempo: 15 min **Raciones:** 4 **Calorías:** 290

Corta por la mitad las cerezas y elimina el hueso. Corta los quesos en dados del mismo tamaño, hasta obtener 12 dados de cada queso.

Pela el tomate y córtalo en daditos. Tuesta ligeramente las semillas de girasol en una sartén y elabora un aliño batiéndolas junto con el tomate, la albahaca, el aceite de oliva, el vinagre y una pizca de sal y pimienta negra recién molida.

Monta los pinchos intercalando media cereza y un taquito de queso, así sucesivamente alternando los tres tipos de quesos y terminando con media cereza.

Dispón tres pinchos en cada plato sobre una base de lechuga y riega con el aliño preparado justo en el momento de servir.

Te ayuda

Las cerezas destacan por sus propiedades depurativas, que contribuyen a eliminar toxinas y líquidos del organismo. ¿Otra de sus bazas? Su bajo aporte calórico.

Primer plato

Ensalada de espinacas

INGREDIENTES

- 200 g de hojas de espinacas frescas
- 50 g de nueces peladas
- 50 g de nueces de Macadamia
- 200 g de requesón
- 8 tomates secos
- Semillas de sésamo

Para la vinagreta:

- 1 cucharada de miel
- 2 cucharadas de vinagre balsámico
- 4 cucharadas de aceite de oliva
- Sal y pimienta

Tiempo: 15 min **Raciones:** 4 **Calorías:** 280

Quita los tallos a las espinacas y lava las hojas una a una para eliminar posibles restos de tierra. Escúrrelas y sécalas bien.

Introduce la miel en un cuenco y agrega el vinagre, mezcla con ayuda de unas varillas y ve incorporando el aceite en forma de hilo sin dejar de remover hasta que la vinagreta emulsione y sea homogénea. Salpimienta y reserva.

Coloca las espinacas en cuatro platos hondos, agrega los tomates secos troceados, las nueces y el requesón en daditos. Aliña con un poco de la vinagreta preparada y espolvorea con semillas de sésamo.

Truco: En lugar de espinacas puedes emplear rúcula o canónigos; calcula unos 50 gramos por comensal.

Te ayuda

Destaca el contenido en luteína y zeaxantina de las espinacas, que previenen la pérdida de agudeza visual asociada al envejecimiento y se cree que podrían proteger de la Degeneración Macular Senil (DMS).

Segundo plato

Albóndigas de mero

INGREDIENTES

- 300 g de lomo de merluza
- 300 g de mero
- 2 dientes de ajo
- 1 huevo
- 200 g de guisantes
- 1/2 litro de caldo de pescado
- Harina
- Perejil
- Aceite de oliva
- Sal y pimienta

Tiempo: 40 min **Raciones:** 4 **Calorías:** 327

Bate el huevo con una pizca de sal y pimienta. Pon el mero y la merluza (sin piel ni espinas), un diente de ajo y un poco de perejil en el vaso de la batidora. Tritura hasta que quede una masa fina. Mezcla con el huevo.

Forma bolitas de esa masa con las manos, pásalas por harina y resérvalas.

Pica un diente de ajo y dóralo ligeramente en tres cucharadas de aceite. Añade una cucharada de harina, remueve un minuto y agrega el caldo caliente y las albóndigas. Deja cocer 10 minutos e incorpora los guisantes. Deja unos 5 minutos más al fuego, espolvorea con perejil picado y sirve caliente.

Truco: Para que las albóndigas resulten más ligeras puedes cocerlas en la salsa en lugar de freírlas.

Te ayuda

Las proteínas del pescado son de muy buena calidad y contienen triptófano, un aminoácido con el que nuestro cuerpo fabrica serotonina, la llamada "hormona de la felicidad" que tiene efectos antidepresivos y relajantes.

Segundo plato

Gallo al horno con patatas

INGREDIENTES

- 2 gallos medianos en filetes
- 4 patatas
- 1 cebolleta
- 1 puerro grande
- 2 dientes de ajo
- Una ramita de perejil
- 400 ml de caldo de pescado
- Aceite de oliva
- Sal

Tiempo: 60 min **Raciones:** 4 **Calorías:** 227

Pela las patatas, córtalas en rodajas y colócalas en una fuente de horno. Corta la cebolleta y el puerro en juliana y repártelos por encima de las patatas.

Cubre con el caldo de pescado. Rectifica de sal y añade un chorrito de aceite. Introduce 20 minutos en el horno a 180 °C, retira el caldo y resérvalo.

Sala los filetes de gallo, colócalos sobre las patatas y úntalos con ajo y aceite, previamente majados en un mortero. Ponlos a cocer en el horno a 200 °C durante 15 minutos.

Hierve el caldo de las patatas hasta que reduzca y espese un poco. Añade perejil picado y vierte esta salsa sobre los gallos en el momento de servir.

Truco: El gallo es un pescado blanco muy sabroso y muy versátil a la hora de cocinar; puedes prepararlo también a la plancha, al vapor...

Te ayuda

Los hidratos de carbono de las patatas son una fuente de energía para tu organismo. Además, poseen un bajo contenido en sodio y son ricas en potasio, así que resultan perfectas para evitar la retención de líquidos.

Segundo plato

Bacalao con arroz y espinacas

INGREDIENTES

- 300 g de arroz
- 200 g de lomos de bacalao desalado
- 150 g de hojas de espinacas
- 1 cebolla
- 2 o 3 dientes de ajo
- 2 tomates
- 1 cucharadita de pimentón
- Aceite de oliva
- 2 ramitas de tomillo
- Sal y pimienta

Tiempo: 45 min **Raciones:** 4 **Calorías:** 475

Lava las espinacas y escúrrelas. Pela y pica la cebolla. Pela los ajos y córtalos en láminas. Lava los tomates, pártelos por la mitad y rállalos. Escurre el bacalao. Saltéalo brevemente en una cazuela con unas gotas de aceite; retíralo y resérvalo.

Sofríe la cebolla y el ajo en la misma cazuela durante 7 u 8 minutos. Incorpora los tomates, continúa la cocción 10 minutos y agrega el arroz. Salpimienta, espolvorea con el pimentón y cubre con 800 ml de agua. Cuece durante 16 o 18 minutos.

Incorpora las espinacas cuando falten unos 6 minutos para terminar la cocción. Añade el bacalao y el tomillo y deja 1 minuto más. Sirve.

Truco: En lugar de agua puedes utilizar caldo de verduras o de pescado para proporcionar un sabor más intenso a este plato.

Te ayuda

El bacalao es uno de los pescados que aporta menos calorías y, en cambio, es rico en vitamina B12, un nutriente esencial para la memoria y el buen funcionamiento del cerebro.

Segundo plato

Caballa a la papillote

INGREDIENTES

- 4 caballas de ración
- 1 zanahoria
- 2 puerros
- 1 chirivía
- 1 calabacín
- 1 copita de vino blanco
- 4 cucharadas de aceite de oliva
- Sal y pimienta

Tiempo: 35 min **Raciones:** 4 **Calorías:** 400

Limpia las caballas y separa los filetes. Lava todas las verduras. Quita las hojas exteriores a los puerros y retira la base; corta la parte blanca en juliana. Corta el calabacín en tiras finas. Pela el resto de verduras y córtalas también en juliana.

Reparte las verduras y los filetes de pescado sobre cuatro trozos cuadrados de papel de horno untados con aceite de oliva. Salpimienta y riega con la copita de vino blanco.

Cierra el papel y dobla los bordes, presionando para que los paquetes queden cerrados herméticamente.

Introduce en el horno, precalentado a 180 °C, durante 15 minutos. Retira el envoltorio y sirve.

Truco: Con esta técnica los alimentos conservan todas sus propiedades y sabor, ya que se hacen en su propio jugo. Las únicas "reglas" es que la temperatura debe ser constante y el paquete estar bien cerrado.

Te ayuda

La caballa destaca por su riqueza en ácidos grasos omega 3 que, junto a los antioxidantes y la fibra de los vegetales, contribuyen a disminuir el colesterol malo. La técnica del papillote realza el sabor sin añadir calorías.

Segundo plato

Rodaballo con pimienta rosa

INGREDIENTES

- 1 rodaballo de 1 kg aprox.
- 3 ajos
- 1 ramita de perejil
- 1 cucharada de pimentón dulce
- 1 cucharada de pimienta rosa en grano
- 1 dl de cava
- 1 dl de aceite de oliva
- 1 limón
- Sal

Tiempo: 35 min **Raciones:** 4 **Calorías:** 300

Limpia el rodaballo. Colócalo sobre una bandeja de horno engrasada y salpimienta.

Dispón en el mortero los ajos, el perejil y el pimentón. Machaca. Añade una pizca de sal y los granos de pimienta rosa. Vierte el aceite de oliva en el mortero y mezcla con el resto de ingredientes. Unta el pescado con esta preparación.

Enciende el horno a 180 °C. Hornea durante 5 minutos, retira del horno y riega con el cava.

Continúa la cocción de 10 a 15 minutos más (el tiempo es tan solo orientativo, hay que ir vigilando la cocción para que no se haga demasiado y quede reseco).

Retira del horno y sirve con unas ramitas de romero fresco y unos gajos de limón.

Te ayuda

El pescado aporta pocas grasas, es ligero y de fácil digestión. Además, al incluir pimienta añade un efecto termogénico, es decir, contribuye a acelerar el metabolismo, de manera que aumenta el gasto de calorías.

Segundo plato

Cordero asado con lentejas

INGREDIENTES

- 600 g de costillar de cordero
- 2 dientes de ajo
- 1 dl de aceite de oliva extra virgen
- 200 g de lentejas
- 1 pimiento verde
- 1 cebolla
- 1 manojo de ajos tiernos
- 1 ramita de perejil
- Sal y pimienta

Tiempo: 55 min **Raciones:** 4 **Calorías:** 660

Pela los ajos y maja en un mortero. Añade una pizca de sal, un poco de perejil picado y el aceite.

Pon las lentejas en una olla con el doble de agua de su volumen y cuece hasta que estén tiernas, escurre y reserva.

Corta el costillar en trozos y colócalos en una fuente de horno. Salpiméntalos y riégalos con el majado. Hornea a 220 °C durante 30-35 minutos (con el horno precalentado).

Trocea todas las verduras y ponlas a cocer al vapor. Salpimienta y reserva.

Saca el costillar del horno. Coloca las verduras y la lentejas en el fondo del plato y pon encima las costillas. Sirve.

Te ayuda

La combinación de cordero y lentejas es muy rica en hierro. Por otro lado, las legumbres aportan también abundante fibra, que actúa "arrastrando" los elementos de desecho y de este modo combate el estreñimiento.

Segundo plato

Conejo relleno de verduras

INGREDIENTES

- 4 lomos de conejo deshuesados
- 1 zanahoria
- 4 o 6 ajos tiernos
- 8 espárragos verdes
- 1 vasito de vino blanco
- 2 vasitos de caldo de ave
- Aceite de oliva
- Unas ramitas de romero y tomillo
- Sal
- Pimienta

Tiempo: 45 min **Raciones:** 4 **Calorías:** 244

Corta los ajos tiernos en juliana. Pela la zanahoria y corta la base de los espárragos. Trocea la zanahoria y los espárragos en bastoncitos.

Rehoga las verduras en la sartén 8 minutos. Salpimienta, añade el tomillo y el romero picados, prosigue la cocción 2 minutos y retira.

Lava los lomos de conejo, salpimiéntalos y extiéndelos. Coloca en el centro de cada lomo un poco del sofrito. Enróllalos y átalos con hilo de cocina.

Dóralos en una sartén con unas gotas de aceite. Vierte el vino blanco y reduce.

Pasa los lomos a una fuente refractaria, riega con el caldo caliente e introduce durante 20 minutos en el horno a 180 °C. Retira el hilo y sirve los lomos cortados en rodajas no muy finas.

Te ayuda

El conejo es una de las carnes más ligeras y con menos grasas saturadas, por lo que ayuda a controlar el colesterol. Al combinarlo con vegetales y hierbas aromáticas se potencian todavía más estas cualidades.

segundo plato

Solomillo con fresones

INGREDIENTES

- 600 g de solomillo de cerdo
- 400 g de fresones
- 1 cucharada de vinagre balsámico
- 2 cucharadas de vino blanco
- 3 cucharadas de azúcar moreno
- Unas hojas de menta fresca
- Aceite de oliva
- Sal y pimienta

Tiempo: 35 min **Raciones:** 4 **Calorías:** 325

Lava los fresones, retira los tallos y las hojas, y córtalos en trozos. Reserva algunos para decorar y coloca el resto en una cazuela de fondo grueso, junto con el azúcar, el vino y el vinagre.

Pon la mezcla al fuego y deja cocer lentamente 20 minutos, hasta que reduzca; remueve a menudo con una cuchara de madera para que no se pegue. Lava las hojas de menta.

Lava la carne, sécala y córtala en medallones gruesos. Salpiméntalos y dóralos por los dos lados en una sartén antiadherente con unas gotas de aceite.

Sirve los solomillos acompañados de la salsa de fresa y decorados con los trocitos de fresa y las hojas de menta fresca.

Truco: Mezcla una cucharada de mostaza, un ajo picado y un hilo de aceite. Unta la carne con ella antes de cocinarla.

Te ayuda

El solomillo es una de las partes más magras del cerdo y, por tanto, menos calóricas. Además, los fresones de la guarnición aportan poquísimas calorías y favorecen la absorción del hierro de la carne.

Postre

Nísperos con requesón

INGREDIENTES

- 8 nísperos
- 250 g de requesón
- 1/2 vaso de leche desnatada
- 2 cucharadas de azúcar
- 40 g de mantequilla
- 2 cucharadas de miel
- 1 ramita de menta

Tiempo: 10 min **Raciones:** 4 **Calorías:** 190

Pela los nísperos, retírales el hueso y córtalos en daditos del mismo tamaño. Resérvalos. Lava la ramita de menta y sécala con papel absorbente.

Desmenuza el requesón y colócalo en el vaso de la batidora, añade la leche desnatada y el azúcar. Tritura el conjunto hasta conseguir una crema lisa y homogénea.

Pon a derretir la mantequilla, añade los nísperos, riega con la miel y deja a fuego muy lento 15 minutos.

Reparte la crema de requesón en cuatro boles individuales y añade los daditos de níspero por encima. Decora cada bol con una hojita de menta. Sirve enseguida.

Truco: Los nísperos se conservan poco tiempo. Además, a la hora de comprarlos recuerda elegir ejemplares bien maduros y con la carne firme, ya que verdes resultan indigestos.

Te ayuda

La fibra soluble y los taninos que contienen los nísperos son especialmente eficaces para regular el tránsito intestinal. Por otro lado, su gran riqueza en provitamina A protege la salud de la piel.

Postre

Pomelos rellenos de frutas

INGREDIENTES

- 2 pomelos
- 1 manzana
- 1 kiwi
- 1 plátano
- 16 uvas
- Albahaca fresca

Tiempo: 10 min **Raciones:** 4 **Calorías:** 120

Corta los pomelos por la mitad con ayuda de un cuchillo afilado y retira la pulpa procurando no dañar la piel, ya que esta te servirá de soporte para la presentación. Reserva el jugo que suelten.

Separa los gajos, eliminando la piel blanquecina que los recubre.

Lava las uvas y la manzana. Parte la manzana en dos, retira el corazón y córtala en gajos pequeños. Pela el kiwi y pártelo en medias lunas. Pela también el plátano y córtalo en rodajas medianas.

Lava las hojas de albahaca, pícalas finamente y mézclalas con las frutas.

Rellena los medios pomelos con la mezcla de frutas y albahaca. Riega con el jugo de los pomelos reservado y sirve.

Truco: El aroma de la albahaca combina a la perfección con las frutas. Si no encuentras, puedes sustituirla por menta fresca.

Te ayuda

Esta combinación de frutas frescas es una verdadera inyección de nutrientes y posee numerosísimas propiedades: ayuda a combatir el estreñimiento, a disminuir el colesterol, a regular la tensión...

Postre

Tarta ligera de fresas

INGREDIENTES

- 125 g de masa de hojaldre
- 500 g de fresas
- 4 cucharadas de azúcar moreno
- 1 pizca de pimienta de Jamaica molida (opcional)
- 1 yema de huevo
- El zumo de 1 naranja pequeña
- 4 cucharadas de miel
- 2 cucharadas de harina
- Albahaca fresca

Tiempo: 40 min + reposo **Raciones:** 4 **Calorías:** 320

Lava las fresas, córtalas en láminas finas y déjalas macerar con el azúcar y la pimienta durante 2 horas.

Extiende el hojaldre sobre una superficie enharinada y corta cuatro discos de 15 cm de diámetro. Colócalos sobre una bandeja de horno forrada con papel sulfurizado, cubre con papel y coloca encima otra bandeja de horno. Hornea 15 minutos a 180 °C.

Pinta los discos de hojaldre con la yema de huevo batida con una cucharada de agua. Hornea 5 minutos más para que se doren. Retira y deja enfriar.

Dispón las láminas de fresa maceradas sobre los discos de hojaldre.

Mezcla la miel con el zumo de naranja y pon a cocer a fuego medio 5 minutos. Vierte este almíbar sobre las tartaletas y deja enfriar 1 hora en la nevera. Sirve las tartaletas con unas hojas de albahaca.

Te ayuda

Las fresas concentran vitaminas y sustancias antioxidantes con propiedades antiedad, que proporcionan a la piel un aspecto más bonito y luminoso, y también las convierten en protectoras de la salud cardiovascular.

Postre

Yogur con albaricoques

INGREDIENTES

- 4 yogures griegos
- 16 albaricoques
- 50 g de azúcar
- 2 cm de raíz fresca de jengibre
- 2 limas

Tiempo: 35 min **Raciones:** 4 **Calorías:** 225

Bate enérgicamente los yogures con el azúcar y resérvalos en la nevera.

Lava y pela los albaricoques, retírales el hueso y córtalos en cuartos.

Colócalos extendidos en una bandeja y rocíalos con la mitad del zumo de lima y el jengibre troceado. Tapa con film transparente y deja marinar durante 20 minutos en la nevera.

Monta el postre en vasos individuales, colocando la crema de yogur en el fondo.

Dispón los albaricoques marinados encima de la crema de yogur fría. Sirve inmediatamente.

Truco: También puedes optar por caramelizar los albaricoques. Hazlo de la siguiente forma: corta los albaricoques, retírales el hueso y ponlos a cocer a fuego suave con tres cucharadas de azúcar, una de mantequilla y el zumo de medio limón. Cuando el caramelo adquiera un tono dorado, retira del fuego. Sirve los albaricoques calientes sobre la crema de yogur bien fría.

Te ayuda

Los pequeños albaricoques reúnen grandes propiedades como cuidar la salud de la vista y la piel. Y hay que añadir los beneficios del yogur para tus huesos: es una excelente fuente de calcio de fácil asimilación.

Recetas de verano

Con el calor nos apetecen platos más ligeros y refrescantes, así que para esta estación hemos seleccionado para ti 20 recetas ricas en nutrientes, pobres en grasas y que, a la vez, hidratan tu organismo

CIRUELA

Amarillas, rojas, verdes... todas son conocidas por sus propiedades laxantes (poseen un porcentaje muy alto de pectinas y otros principios activos con dicho efecto).

MELÓN

Es una de las frutas más ricas en potasio, lo que unido a su elevado contenido en agua y sus escasas calorías, hacen que su consumo sea muy adecuado en las dietas hipocalóricas de control de peso. También le otorga un efecto diurético, beneficioso en caso de hipertensión y retención de líquidos.

SANDÍA

Su elevado contenido en agua la convierte en la fruta más refrescante del verano y más depurativa. Además, su color rojo es sinónimo de licopeno, un antioxidante que posee probadas propiedades para ayudar a prevenir algunos tipos de cáncer.

HIGOS

No son tan calóricos como se cree: dos o tres higos aportan unas 80 kcal. Además, gracias al agua y a la fibra que contienen, tienen efecto saciante y combaten el estreñimiento.

MELOCOTÓN

Aporta grandes cantidades de vitamina C y provitamina A, por lo que su consumo potencia las defensas. Por otro lado, su aporte de potasio contribuye a regular la tensión arterial.

TOMATE

Su sabor, aroma y valor nutritivo (y terapéutico) son mayores en verano, su temporada natural. El licopeno es el pigmento al que debe su color y sus propiedades: consumir esta hortaliza de forma habitual ayuda a reducir el colesterol malo (LDL). Numerosas investigaciones demuestran que, además, tanto crudo como cocinado, puede ayudar a prevenir algunos tipos de cáncer (de próstata y aparato digestivo).

PEPINO

Un 97% de agua lo convierten en un alimento refrescante, ligero y depurativo, muy adecuado para controlar el peso y también en la alimentación veraniega para hidratar el organismo. Lávalo bien y tómalo con piel, ya que en ella se concentran fibra y algunos fitoesteroles, que ayudan a disminuir la absorción intestinal de colesterol.

PIMIENTO

Entre todas las variedades de pimientos, los verdes son los que contienen mayor cantidad de vitamina C (el doble que la naranja), que aumenta la resistencia frente a las infecciones. Por otro lado, su fibra regula el tránsito intestinal y proporciona sensación de saciedad.

JUDÍAS VERDES

Su fama de verdura sana es merecida: 100 gramos aportan casi el 40% de la cantidad diaria de vitamina C, que fortalece tus defensas, y el 30% del ácido fólico, con propiedades antianémicas. Por si fuera poco, la fibra que contiene contribuye a evitar el estreñimiento.

CALABACÍN

En su piel fina y comestible se concentran muchos de sus nutrientes, como la vitamina C y la fibra. Está especialmente indicado en caso de hipertensión, trastornos intestinales o retención de líquidos.

SARDINA

La reina de los pescados azules aporta más cantidad de vitamina A y D que cualquier otro pescado. Esta última contribuye a la absorción del calcio que te aportan sus espinas. En verano, su mejor época, presenta un mayor porcentaje de grasas omega 3, anticoagulantes naturales que ayudan a prevenir enfermedades cardiovasculares.

JUREL

Hablar de pescado azul es hablar de grasas omega 3, que ayudan a "limpiar" las arterias y así contribuyen a prevenir el infarto. Además, te aporta vitamina B12, necesaria para la formación de glóbulos rojos y para mantener la salud del sistema nervioso.

Primer plato

Pasta con pimientos

INGREDIENTES

- 320 g de pasta
- 100 g de calabacín
- 100 g de pimiento verde
- 100 g de pimiento rojo
- 100 g de pimiento amarillo
- 1 zanahoria
- 2 dientes de ajo
- 4 cucharadas de aceite de oliva
- Unas hojas de salvia
- Sal
- Pimienta

Tiempo: 20 min **Raciones:** 4 **Calorías:** 395

Lava el calabacín. Lava también los pimientos y retira el tallo y las semillas del interior. Lava la zanahoria.

Corta en bastoncitos las hortalizas. Calienta dos cucharadas de aceite en una sartén grande o un wok.

Añade el ajo en láminas y las verduras por orden de dureza: primero la zanahoria y los pimientos, y a continuación el calabacín, más tierno. Salpimienta y saltea 5 minutos.

Lava, seca y pica las hojas de salvia. Cuece la pasta al dente y escúrrela bien.

Incorpora la pasta y la salvia picada a la sartén o wok cuando todas las verduras estén tiernas y remueve. Saltea de nuevo 2 minutos más y sirve inmediatamente.

Te ayuda

La pasta te sirve para reponer energía y si es integral, esa energía dura más. Al combinarla con verduras le añades un extra de fibra y a la vez antioxidantes que ayudan a reducir el riesgo de dolencias cardiovasculares.

Primer plato

Tomate con mozzarella

INGREDIENTES

- 8 tomates de pera grandes
- 250 g de mozzarella
- Unas ramitas de albahaca fresca
- 50 g de almendras peladas
- 40 g de queso parmesano
- 1 diente de ajo
- 75 ml de vinagre de Módena
- Aceite de oliva
- Sal

Tiempo: 20 min **Raciones:** 4 **Calorías:** 260

Coloca en el vaso de la batidora el diente de ajo pelado, las almendras y el parmesano rallado. Cubre con aceite de oliva y tritura.

Añade las hojas de albahaca lavadas y secas, reservando algunas para decorar, y vuelve a triturar hasta obtener una salsa homogénea. Rectifica de sal y reserva.

Calienta el vinagre a fuego lento hasta que reduzca una tercera parte de su volumen y adquiera una textura de caramelo. Retira y reserva.

Corta los tomates en rodajas gruesas sin llegar a separarlas del todo. Escurre la mozzarella y córtala en rodajas de medio centímetro.

Introduce en los cortes de los tomates las rodajas de mozzarella y una hoja de albahaca. Sirve con el pesto de almendras y la reducción de vinagre.

Te ayuda

Esta ensalada aporta una importante dosis de calcio de buena asimilación, por lo que contribuye a mantener los huesos sanos y fuertes, y de esta forma te ayuda a prevenir la osteoporosis.

Primer plato

Salmorejo cordobés

INGREDIENTES

- 1 berenjena
- 750 g de tomates maduros
- 2 dientes de ajo
- 200 g de miga de pan seco
- Vinagre de vino blanco
- 2 huevos
- 1 dl de aceite de oliva virgen
- Aceite de girasol
- Harina
- Sal

Tiempo: 20 min **Raciones:** 4 **Calorías:** 355

Pon a remojar la miga de pan en un cuenco con agua fría. Cuece los huevos durante 8 minutos.

Haz un pequeño corte en forma de cruz en la base de los tomates. Escáldalos 1 minuto en agua hirviendo.

Pela los tomates y tritúralos en la batidora junto con los ajos pelados, el aceite, dos cucharadas de vinagre, la miga de pan escurrida y una pizca de sal hasta conseguir una crema espesa y homogénea. Rectifica de sal y vinagre, y reserva en el frigorífico.

Corta la berenjena en rodajas muy finas. Pásalas por harina y fríelas en varias tandas, 1 minuto por cada lado, en aceite de girasol. Déjalas escurrir sobre papel absorbente para retirar el exceso de aceite.

Sirve el salmorejo con unas rodajas de huevo duro y acompañado de los chips de berenjena.

Te ayuda

El tomate, gracias a su contenido en licopeno y otras sustancias antioxidantes, se ha demostrado que puede contribuir a prevenir ciertos tipos de cáncer, como el de próstata y algunos del aparato digestivo.

Primer plato

Ensalada de patata y atún

INGREDIENTES

- 600 g de patatitas nuevas
- 4 tomates
- 2 apios
- 2 latas de atún en aceite
- 6 filetes de anchoa en aceite
- 2 cucharadas de alcaparras en vinagre
- 80 g de aceitunas verdes
- 1 cucharada de mostaza a la antigua
- 4 cucharadas de aceite de oliva
- 2 cucharadas de vinagre
- Sal y pimienta

Tiempo: 20 min **Raciones:** 4 **Calorías:** 415

Cuece las patatas con piel en agua salada hirviendo durante 10-12 minutos. Escúrrelas, refréscalas bajo el grifo de agua fría y córtalas por la mitad.

Lava el apio, elimina la parte más verde del tallo (reservando algunas hojas) y córtalo en rodajas finas. Lava los tomates y córtalos en cuartos.

Coloca los tomates, las patatas y el apio en una fuente de servir o reparte en platos, incorpora el atún escurrido, las anchoas, las aceitunas verdes y las alcaparras.

Dispón la mostaza en un cuenco y mezcla con el vinagre, sal y pimienta. Agrega, poco a poco, el aceite de oliva sin dejar de batir hasta que quede bien integrado. Aliña la ensalada con la vinagreta y sirve.

Te ayuda

Por sus grasas saludables ayuda a reducir el colesterol. Las anchoas se comen con la espina, lo que añade calcio a la receta, y la patata, gracias a sus hidratos de carbono lentos proporciona energía y es saciante.

Primer plato

Tagliatelle al pesto

INGREDIENTES

- 350 g de tagliatelle
- 1 ramita de albahaca fresca
- 1 cajita de tomates cherry
- 2 cucharadas de piñones
- 40 g de queso parmesano rallado
- 1 diente de ajo
- 1 dl de aceite de oliva
- Pimienta

Tiempo: 20 min **Raciones:** 4 **Calorías:** 600

Lava la albahaca, sécala con cuidado y separa las hojas (reserva algunas para decorar). Introdúcelas en el vaso de la batidora. Incorpora el aceite, el ajo pelado, los piñones, el queso parmesano, sal y pimienta. Tritura hasta obtener una salsa fina.

Cuece los tagliatelle en abundante agua hirviendo el tiempo indicado por el fabricante o hasta que esté al dente. Añade a la salsa pesto un poco del agua de cocción de la pasta.

Escurre la pasta y repártela en platos hondos. Añade enseguida los tomates cherry y la salsa pesto por encima. Decora con las hojitas de albahaca fresca reservadas y sirve.

Truco: Si lo prefieres puedes sustituir los tomatitos cherry por tomates secos. En ese caso, los tomates secos se deben dejar en aceite de oliva virgen extra durante 24 horas para rehidratarlos.

Te ayuda

Los piñones aportan ácido pinolénico,que se emplea en compuestos adelgazantes por su eficacia para "frenar" la sensación de hambre. Y el aceite de oliva contribuye a aumentar la tasa de colesterol HDL (el bueno).

Primer plato

Ensalada de higos

INGREDIENTES

- 200 g de queso fresco
- 1 bandejita de tomates cherry
- 50 g de espinacas frescas
- Mézclum de lechugas
- 150 g de uvas
- 4 higos
- 2 cucharadas de avellanas picadas
- 6 cucharadas de aceite de oliva
- 2 cucharadas de vinagre de Jerez
- 1 cucharada de mermelada de higos
- Sal
- Pimienta

Tiempo: 15 min **Raciones:** 4 **Calorías:** 175

Lava las hojas de las diferentes lechugas, escúrrelas bien, trocéalas con las manos y disponlas en una ensaladera.

Corta el queso en daditos. Lava los tomates, los higos y las uvas, y resérvalos.

Incorpora a la ensaladera los tomatitos cherry cortados en cuartos, las uvas partidas por la mitad y sin pepitas, los higos cortados en rodajas finas y el queso fresco. Espolvorea con las avellanas picadas.

Prepara la vinagreta: bate el aceite con el vinagre, una pizca de sal y pimienta y la mermelada de higos hasta que emulsione. Aliña la ensalada en el último momento y sirve.

Te ayuda

Te aporta una buena dosis de fibra, que te ayudará a que te sientas llena y evitará que comas en exceso. También gracias a ella conseguirás combatir el estreñimiento.

Primer plato

Pizza integral de verduras

INGREDIENTES

- 200 g de harina integral
- 15 g de levadura de panadería
- 300 g de champiñones
- 1 berenjena pequeña
- 1 pimiento verde
- 1 pimiento rojo
- 1 cebolla
- 200 g de tomate frito
- 50 g de mozzarella rallada
- Orégano
- Aceite de oliva
- Sal

Tiempo: 55 min **Raciones:** 4 **Calorías:** 500 porción

Desmenuza la levadura y mézclala con 100 ml de agua templada. Dispón la harina en la superficie de trabajo en forma de volcán y añade en el centro la mezcla de levadura, una pizca de sal y 3 cucharadas de aceite. Forma una bola con la masa y déjala reposar, tapada con un paño, 30 minutos.

Limpia, lava y seca los champiñones. Lava la berenjena y los pimientos. Pela la cebolla. Corta en dados las hortalizas y saltéalas 5 minutos en una sartén con tres cucharadas de aceite.

Extiende la masa y dale forma de rectángulo. Reparte por encima el tomate, añade las hortalizas, y espolvorea con el orégano y la mozzarella. Cuece, en el horno precalentado a 200 °C, 15 o 20 minutos.

Te ayuda

La pizza, si es casera, puede ser muy saludable. Por ejemplo, los champiñones de esta receta contienen selenio, un mineral de efecto antioxidante que ayuda a prevenir el envejecimiento prematuro y cuida tu corazón.

Primer plato

Tzaziki griego (crema de yogur)

INGREDIENTES

- 2 pepinos medianos
- 2 yogures griegos
- 1 diente de ajo
- Unas hojas de menta fresca
- 1/2 limón
- Aceite de oliva
- Pan de pita
- Aceitunas negras
- Sal

Tiempo: 20 min + reposo **Raciones:** 4 **Calorías:** 200

Lava los pepinos y córtalos por la mitad, a lo largo. Retira con una cucharilla las semillas centrales. Espolvorea las mitades de pepino con sal, por la parte de la pulpa, y deja reposar 15-20 minutos para que suelten parte de su agua.

Pela el ajo y pícalo finamente. Lava unas hojitas de menta, sécalas y pícalas. Reserva.

Ralla o trocea finamente los pepinos, coloca sobre un paño limpio de cocina, envuelve y presiona ligeramente para retirar el exceso de agua.

Mezcla el pepino con la menta y el ajo picado. Añade el yogur, unas gotas de limón y cuatro cucharadas de aceite. Deja reposar un par de horas en la nevera.

Sirve el tzaziki decorado con unas hojas de menta fresca. Acompáñalo con pan de pita y aceitunas.

Te ayuda

El yogur es una excelente fuente de calcio y lo asimilarás mejor que el de la leche, ya que contiene más ácido láctico (que favorece la absorción del mineral). Y la fibra del pepino te ayuda a evitar el estreñimiento.

segundo plato

Salmonetes al horno

INGREDIENTES

- 1 kg de salmonetes
- 600 g de calabacín
- 1 cebolla
- 1 limón
- 1 diente de ajo
- 4 cucharadas de aceite de oliva
- 1 copita de vino blanco
- Tomillo
- Sal
- Pimienta

Tiempo: 40 min **Raciones:** 4 **Calorías:** 265

Limpia los salmonetes de escamas y tripas. Lava bien el calabacín y el limón, sécalos y córtalos en rodajas finas. Pela la cebolla y córtala también en rodajas del mismo grosor. Pela y pica finamente el diente de ajo.

Dispón el calabacín en una fuente de horno, añade las rodajas de cebolla y de limón por encima, y unta con el aceite de oliva. Agrega una ramita de tomillo, y una pizca de sal y pimienta. Hornea a 180 °C unos 15 minutos.

Retira las verduras del horno y coloca los salmonetes encima, riega con la copita de vino blanco y espolvorea por encima con el ajo picado. Vuelve a introducir en el horno durante 8 minutos más.

Sirve los salmonetes en los platos sobre las verduritas horneadas.

Te ayuda

Este pescado azul es de fácil digestión y, además, el calabacín también es muy suave y ligero, por lo que esta receta es muy adecuada para personas con el estómago delicado o que deban reducir las grasas de la dieta.

Segundo plato

Filetes de jurel al vapor

INGREDIENTES

- 600 g de filetes de jurel
- 1 zanahoria
- 1 pimiento rojo
- 1 cebolla morada
- 1 limón
- 2 dientes de ajo
- 1 copita de Jerez seco
- 1 hoja de laurel
- 1 ramita de tomillo
- 1 cucharadita de pimienta en grano
- 1 cucharada de aceite de oliva
- Sal

Tiempo: 25 min **Raciones:** 4 **Calorías:** 193

Lava los jureles y sécalos con papel de cocina. Raspa y lava la zanahoria, y pela la cebolla; corta ambas en daditos. Lava el tomillo.

Lava el pimiento. Retira el tallo, las semillas y los filamentos del interior; córtalo también en cuadraditos.

Pela y pica los ajos. Calienta el aceite en un cazo y dóralos 1 minuto. Añade la pimienta en grano, la hoja de laurel, el tomillo, la zanahoria, la cebolla, el pimiento, el zumo de limón, el Jerez y una pizca de sal. Calienta 1 minuto y retira.

Cuece los filetes de jurel al vapor unos 3 minutos y sírvelos enseguida con la vinagreta de verduritas por encima.

Te ayuda

Las grasas del jurel son cardiosaludables y las hortalizas que integran esta receta son ricas en potasio, una combinación muy adecuada en caso de hipertensión arterial o retención de líquidos.

Segundo plato

Sardinas en papillote

INGREDIENTES

- 800 g de sardinas
- 4 tomates
- 1 cebolla tierna
- 1 zanahoria
- 8 espárragos trigueros
- 1 copita de vino blanco
- Tomillo fresco
- Sal y pimienta

Tiempo: 40 min **Raciones:** 4 **Calorías:** 270

Limpia las sardinas y separa los filetes. Pela los tomates, retira las semillas y corta en daditos. Corta la cebolla tierna en rodajas. Pela la zanahoria y córtala también en rodajas. Trocea los espárragos.

Reparte las verduras y las sardinas en cuatro cuadrados de papel de horno. Salpimienta y agrega el tomillo y el vino. Dobla los bordes del papel de forma que los paquetitos queden herméticamente cerrados.

Hornea los papillotes a 200 °C durante 15 minutos. Abre los paquetes con cuidado y sirve al momento.

Truco: La tradición dice que los meses sin "r" son los mejores para degustar las sardinas, contrariamente a lo que sucede con el marisco. Quizá por eso se la conoce como la "reina del verano". En esos meses acumula más cantidad de grasas –de las buenas, las omega 3–, por lo que resulta más sabrosa y su contenido nutritivo también es mayor.

Te ayuda

Al comerse con la espina, las sardinas aseguran un mayor aporte de calcio. Este pescado también destaca por la vitamina D, que favorece la absorción de ese mineral. Una apuesta segura para la salud de tus huesos.

Segundo plato

Chipirones "mar y montaña"

INGREDIENTES

- 800 g de chipirones medianos
- 2 cebollas rojas
- 1 diente ajo
- 5 cucharadas de aceite de oliva
- 1 hoja de laurel
- 1 cucharadita de guindilla picada
- 200 g de setas en conserva
- 1 diente de ajo
- 1 ramita de perejil
- Sal
- Pimienta

Tiempo: 1 h y 15 min **Raciones:** 4 **Calorías:** 275

Lava los chipirones y límpialos por dentro, separando el cuerpo de los tentáculos. Quita la piel bajo el chorro de agua separando las aletas. Deja escurrir sobre un colador.

Pela el diente de ajo y déjalo entero. Sofríelo en una sartén con aceite. Retíralo y añade las cebollas, peladas y cortadas en aros finos, deja que se hagan 5 minutos a fuego suave con una pizca de sal y la guindilla picada.

Incorpora los chipirones, las setas limpias y troceadas y la hoja de laurel. Remueve con cuidado con una cuchara de madera y sazona con una pizca de sal y pimienta.

Tapa y deja cocer a fuego lento 1 hora. Sirve espolvoreado con perejil picado.

Te ayuda

Esta combinación es ideal para controlar el peso, ya que los chipirones aportan pocas grasas y calorías, y las setas tienen un elevado porcentaje de agua, por lo que también resultan muy ligeras.

segundo plato

Berenjenas rellenas de carne

INGREDIENTES

- 4 berenjenas
- 2 dl de aceite de oliva
- 3 tomates maduros
- 1 cebolla
- 1 diente ajo
- 1 pimiento verde
- 150 g de carne de ternera picada
- 1 ramita de perejil
- Sal y pimienta

Tiempo: 55 min **Raciones:** 4 **Calorías:** 425

Parte las berenjenas en dos a lo largo y escáldalas en agua hirviendo 4 minutos. Escúrrelas y vacía la pulpa con una cucharilla. Escalda los tomates 2 minutos. Pélalos, retira las semillas y trocéalos.

Fríe la carne en una sartén con tres cucharadas de aceite. Sazona con sal, pimienta y nuez moscada.

Sofríe la cebolla picada en dos cucharadas de aceite de oliva. Añade el ajo picado y el pimiento troceado, deja 1 minuto y agrega la carne de las berenjenas reservada. Deja 4 minutos más y añade el tomate. Cuece durante 5 minutos más, salpimienta y añade la carne. Espolvorea con el perejil picado y cuece unos 10 minutos, removiendo de vez en cuando.

Rellena las berenjenas con la preparación anterior y cuécelas en el horno, precalentado a 180 °C, unos 10 minutos. Decora con perejil y sirve.

Te ayuda

Es rica en hierro, que procede de la carne de ternera y que al ser de origen animal se absorbe mejor que el de los vegetales. Las berenjenas son muy bajas en calorías y, al no freírlas, el resultado es un plato ligero y más sano.

Segundo plato

Lomo con manzanas

INGREDIENTES

- 600 g de lomo de cerdo en una pieza
- 2 manzanas
- 100 g de arándanos
- 1 cebolla
- 1 copa de vino blanco
- 1 cucharada de aceite de oliva
- Salvia
- Sal
- Pimienta

Tiempo: 45 min **Raciones:** 4 **Calorías:** 474

Lava las manzanas, descorazónalas y córtalas en gajos. Lava los arándanos y sécalos. Pela la cebolla y córtala en juliana. Salpimienta el lomo de cerdo.

Pon al fuego una sartén antiadherente con aceite de oliva, dora el lomo entero en una cazuela por todos los lados hasta que esté dorado; retira y reserva. En la misma sartén, saltea la cebolla con los gajos de manzana y los arándanos.

Dispón la carne en una fuente, añade la cebolla, la manzana y los arándanos. Aromatiza con las hojas de salvia y cocina en el horno, a 180 °C, durante 30 minutos. A mitad de la cocción, vierte una copa de vino blanco.

Sirve el lomo cortado en rodajas con la guarnición de cebolla, manzana y arándanos y regado con los jugos de cocción.

Te ayuda

El lomo de cerdo es una de las partes de este animal más magras, aun así contiene grasas saturadas y colesterol. Sin embargo, las frutas y la cebolla lo "compensan" con sus propiedades cardiosaludables.

Carpaccio de buey

INGREDIENTES

- 400 g de solomillo de buey en una pieza
- 20 g de grosellas
- 50 g de rúcula
- 50 g de queso parmesano
- 6 cucharadas de aceite de oliva
- 2 cucharadas de vinagre de Módena
- Sal y pimienta

Tiempo: 15 min **Raciones:** 4 **Calorías:** 220

Retira la grasa o nervios del solomillo con ayuda de un cuchillo. Salpimienta y envuelve la carne con film transparente, presionando bien para darle la forma de cilindro. Introduce en el congelador un mínimo de 3 horas.

Lava las grosellas y separa las bayas. Lava la rúcula y escúrrela bien. Corta el queso parmesano en virutas.

Saca la carne del congelador y deja a temperatura ambiente 20 minutos; retira el film y corta la carne en lonchas muy finas con ayuda de un cuchillo bien afilado. Dispón en los platos y deja 10 minutos a temperatura ambiente para que se descongele del todo.

Reparte por encima las hojas de rúcula, las virutas de parmesano y las grosellas. Aliña el carpaccio justo antes de servirlo con el aceite y el vinagre de Módena.

Truco: Las lonchas deben ser lo más finas posible. El secreto para lograrlo está en congelar previamente la carne.

Te ayuda

El solomillo de buey es una buena fuente de proteínas, hierro y vitaminas, y no aporta demasiadas calorías, por eso esta receta puede incluirse en las dietas de control de peso. Eso sí, no más de una vez a la semana.

Segundo plato

Pavo con frutos rojos

INGREDIENTES

- 1 pechuga de pavo
- 100 g de frutas del bosque (frescas o congeladas)
- 1 vaso de caldo de ave
- 1 copita de vino blanco
- 4 cucharadas de aceite de oliva
- Romero
- Tomillo
- Perejil
- Sal y pimienta

Tiempo: 50 min **Raciones:** 4 **Calorías:** 305

Haz un corte transversal a la pechuga de pavo sin llegar a separarla del todo de manera que quede abierta como un libro. Salpimienta y reparte el tomillo, el romero y el perejil picado en el interior.

Cierra y ata con el hilo de bridar. Pon en una sartén a fuego fuerte hasta que quede dorada por todos lados.

Dispón el redondo de pavo en una fuente y cuece en el horno, precalentado a 180 °C, durante 30 minutos. A mitad de la cocción, añade las frutas del bosque y vierte el vino.

Calienta el caldo hasta que reduzca a la mitad de su volumen inicial.

Pon en la batidora los jugos de cocción junto con las frutas del bosque y el caldo. Tritura, pasa por un colador y pon a calentar. Sirve el redondo cortado en rodajas con la salsita.

Te ayuda

El pavo es una de las aves más ligeras y como casi toda su grasa se concentra en la piel la puedes eliminar fácilmente, así que es una buena opción si tienes el colesterol alto o quieres controlar el peso.

Postre

Sorbete de ciruelas

INGREDIENTES

- 500 g de ciruelas negras
- 120 g de azúcar
- 2 dl de zumo de manzana
- 40 ml de zumo de limón
- 3 dl de agua
- Menta fresca

Tiempo: 1 h **Raciones:** 4 **Calorías:** 200

Pela las ciruelas y quítales el hueso. Lava las hojas de menta y sécalas bien.

Pon las ciruelas en un recipiente con el azúcar y tritura hasta reducir a puré. Añade el zumo de manzana y el de limón y vuelve a triturar todo el conjunto. Incorpora las hojas de menta finamente picadas.

Vierte en un recipiente hermético la preparación anterior, tapa y reserva 2 horas en el congelador. Cuando se haya solidificado, retira para romper los cristales de hielo con ayuda de un tenedor. Vuelve a introducir en el congelador de 2 a 3 horas más. Transcurrido ese tiempo, saca y vuelve a romper los cristales de hielo.

Reparte en copas o en recipientes individuales y sirve enseguida.

Truco: Las ciruelas negras empiezan a madurar a partir de mayo y las puedes encontrar en el mercado hasta septiembre. Las hay de carne amarilla o morada, y todas son muy ricas.

Te ayuda

Las pectinas y otros compuestos activos otorgan a la ciruela un marcado efecto laxante y la hacen especialmente recomendable para regular el tránsito intestinal.

Postre

Flan de queso con arándanos

INGREDIENTES

- 500 g de requesón
- 1 yogur
- 125 g de azúcar
- 4 huevos
- Azúcar para caramelizar

Para el almíbar de arándanos:
- 200 g de arándanos
- 100 ml de agua
- 100 g de azúcar
- La piel de 1 limón

Tiempo: 40 min **Raciones:** 4/6 **Calorías:** 328

Prepara el almíbar de arándanos: Pon los arándanos en un recipiente con el agua, la piel de limón y el azúcar, y deja cocer a fuego lento.

Pon el azúcar en un cazo al fuego con unas gotas de limón hasta obtener el caramelo y cubre con él el fondo de cuatro moldes de flan.

Mezcla el requesón con el yogur, el azúcar y los huevos con ayuda de la batidora.

Vierte esta mezcla en los moldes con el caramelo y cuece al baño María, en el horno precalentado a a 170 °C, unos 15 minutos.

Una vez cuajados los flanes, déjalos enfriar, desmóldalos y sírvelos con el almíbar de arándanos por encima.

Te ayuda

El requesón es rico en calcio y poco calórico, por eso ayudará a asegurar las necesidades de este mineral en la menopausia, cuando la caída de los niveles de estrógenos hace peligrar la salud ósea.

Postre

Mousse de vainilla

INGREDIENTES

- 600 ml de leche semidesnatada
- 1 vaina de vainilla
- 3 melocotones
- 3 cucharadas de azúcar
- 4 hojas (8 g) de gelatina
- Unas hojas de menta o hierbaluisa fresca

Tiempo: 20 min + reposo **Raciones:** 4 **Calorías:** 250

Pon las hojas de gelatina en remojo en agua fría para que se hidraten. Pela los melocotones; corta uno en daditos pequeños y tritura los otros dos con una cucharada de azúcar. Pasa el puré resultante por un colador de malla fina para que quede una salsita bien lisa.

Calienta la leche, sin que llegue a hervir, junto con la vaina de vainilla abierta por la mitad. Retira del fuego, añade dos cucharadas de azúcar y la gelatina escurrida y mezcla bien.

Reparte los daditos de melocotón en cuatro flaneras individuales y cubre con la leche. Introduce en la nevera para que cuaje, un mínimo de 6 horas.

Introduce las flaneras unos segundos en agua caliente (que no llegue hasta el borde del recipiente) para poder desmoldarlas con facilidad. Sírvelas con el puré de melocotón y unas hojas de menta.

Truco: En lugar de vainilla, la leche se puede infusionar también con canela, cardamomo, clavo o anís estrellado.

Te ayuda

El melocotón contiene betacarotenos y vitamina C, que ayudan a prevenir el desarrollo de las enfermedades degenerativas. Además se trata de una fruta con propiedades diuréticas y laxantes.

Postre

Brochetas exóticas

INGREDIENTES

- 1 tajada grande de sandía
- 1 tajada grande de melón
- 1 melocotón de viña
- 1 manzana Granny Smith
- 1/2 papaya
- 1 kiwi
- 1 pitahaya
- 12 frambuesas
- 1 yogur desnatado
- 2 cucharadas de miel
- Menta fresca

Tiempo: 20 min **Raciones:** 4 **Calorías:** 145

Pela el melocotón, la manzana, la papaya, la pitahaya y el kiwi. Retira las semillas y los huesos de todas las frutas y córtalas en láminas de un dedo de grosor.

Corta cada lámina de fruta en cuadrados de 2 x 2 cm. Tienen que quedar del mismo tamaño.

Lava las hojas de menta y pícalas finamente. Mézclalas con el yogur y la miel removiendo hasta lograr una crema homogénea.

Apila los cuadrados de fruta alternando los colores hasta formar 12 columnas. Corona cada columna con una frambuesa y atraviesa toda la fruta con palitos de brocheta.

Sirve tres brochetas por comensal, acompañadas con la salsita de yogur.

Te ayuda

Por su riqueza en agua y potasio, las frutas veraniegas son perfectas para rehidratar el organismo y ayudar a reponer los líquidos perdidos por las altas temperaturas. También son muy adecuadas en caso de hipertensión.

Recetas de otoño

Los colores de esta estación (amarillos, naranjas, rojizos...) son los mismos que los de productos típicamente otoñales, como castañas, boniatos o setas, lo que indica su riqueza en antioxidantes y es sinónimo de salud

CAQUI

Su color va del rojo al anaranjado o amarillo, según su riqueza en provitamina A –es una de las frutas más ricas en este antioxidante–. Destaca también su contenido en pectina y mucílagos (fibra soluble), a los que debe la textura gelatinosa de su pulpa y que suavizan y desinflaman las paredes del intestino, y ayudan en caso de diarrea o colitis (inflamación del intestino grueso).

CASTAÑAS

Son un excelente tentempié por sus hidratos de carbono, básicamente almidón, que aportan energía de forma gradual. A diferencia del resto de frutos secos, apenas aportan grasas ni tampoco demasiadas calorías.

MEMBRILLO

No se puede tomar crudo, por lo que su pulpa se cuece con azúcar hasta convertirla en el popular dulce de membrillo, y también se prepara en mermeladas, compotas o jaleas, lo que aumenta considerablemente su valor calórico. Destaca su elevado contenido en fibra, pectinas y taninos, que ayudan a reducir el colesterol y también son beneficiosos en caso de diarrea.

UVAS

En su piel se concentra un compuesto llamado resveratrol. Además de estar involucrado en los efectos cardiosaludables de la uva, algunas investigaciones han demostrado que este fitonutriente tiene la capacidad de prevenir el desarrollo de ciertos tipos de cáncer.

GRANADA

Su color, sabor y parte de sus numerosos beneficios se deben a la presencia de sustancias fenólicas, cuyo poder antioxidante puede contribuir a frenar los procesos del envejecimiento y la aparición de enfermedades degenerativas, cardiovasculares y cáncer.

SETAS

Son un alimento exquisito con una larga lista de propiedades saludables y una gran ventaja: su contenido calórico es mínimo. Son un alimento especialmente saciante por lo que añadidas a otros platos los convertirán en opciones muy completas. Además contienen gran cantidad de minerales y proteínas.

APIO

El apio es fuente de fibra, sales minerales y vitaminas. Entre sus propiedades destaca su efecto diurético y depurativo, que favorece la eliminación de líquidos y de toxinas por la orina.

CALABAZA

Destaca su alto porcentaje en betacaroteno, que se transforma en vitamina A en el organismo y que posee un efecto antioxidante y es fundamental para la salud de la vista, la piel y mucosas. También es rica en fibra soluble, que te llena y es ligeramente laxante.

ACELGAS

Son fuente de hierro y vitamina C (que facilita la absorción de ese mineral), así que cuando se toman crudas son eficaces para prevenir la anemia. Las hojas verdes externas son las más ricas en nutrientes (hasta 50 veces más en algunos casos).

BONIATO

El color anaranjado de la pulpa nos indica su riqueza en betacarotenos (provitamina A), que le otorgan un poderoso efecto antioxidante que no desaparece al cocinar el alimento. Eso significa que aumenta las defensas y ayuda a prevenir enfermedades degenerativas.

DORADA

Es un pescado blanco o semigraso, es decir, en función del momento de la captura su contenido en grasa varía y puede oscilar entre un 2 y un 5%, la mayoría omega 3, buena para la salud del corazón.

CONGRIO

Es uno de los pescados más ricos en vitamina A, solo por detrás de las angulas y las anguilas. También contiene vitamina D, esencial para la absorción del calcio.

Primer plato

Crema de apio

INGREDIENTES

- 1 apio
- 2 puerros
- 1 cebolla
- 1 patata
- 1 litro de caldo
- Aceite de oliva virgen
- Sal
- Pimienta

Tiempo: 35 min **Raciones:** 4 **Calorías:** 230

Lava el apio, retira los filamentos fibrosos del tallo, y trocéalo. Pela y trocea la patata. Retira la base y el extremo más verde de los puerros, lávalos bien y trocea la parte blanca.

Pica la cebolla y rehógala con una cucharada de aceite hasta que esté transparente. Añade los puerros troceados y cuece unos minutos más, a fuego muy suave, sin dejar que tomen color. Sazona con sal y pimienta.

Cubre con un litro de caldo y añade la patata y el apio. Cuece durante 20 minutos.

Tritura y pasa el conjunto por el chino para obtener una crema bien fina. Rectifica el punto de sal si es necesario.

Sirve la crema acompañada de unos palitos con queso o, para que resulte más ligera y nutritiva, de unos crudités de verduras: apio, zanahoria...

Te ayuda

Esta crema es ideal para ayudar a controlar el peso gracias a las propiedades diuréticas y depurativas de sus componentes. Y al combinar el apio con cebolla se potencian dichos efectos.

Primer plato

Ensalada de uvas, queso y peras

INGREDIENTES

- Unas hojas de lechuga variadas
- 1 pera
- 20 granos de uva negra
- 50 g de queso parmesano
- 20 g de nueces peladas
- 1 limón
- 4 cucharadas de aceite de oliva virgen
- 1 cucharada de vinagre balsámico de Módena
- Sal y pimienta

Tiempo: 15 min **Raciones:** 4 **Calorías:** 265

Pela la pera, córtala en gajos finos y rocíalos con zumo de limón. Corta el queso parmesano en escamas. Lava los granos de uva, córtalos por la mitad y retírales las semillas. Lava bien las diferentes lechugas, escúrrelas y sécalas.

Dispón las lechugas variadas en un bol junto con las escamas de queso parmesano, las láminas de pera, las uvas y las nueces.

En el momento de servir añade el aceite y el vinagre balsámico, salpimienta y mezcla cuidadosamente.

Truco: En su lugar, también puedes aderezar con una vinagreta dulce, que prepararás con dos cucharadas de vinagre balsámico, dos cucharaditas de miel y cuatro cucharadas de aceite. Mezcla el vinagre con la miel, añade una pizca de sal e incorpora el aceite batiendo enérgicamente con unas varillas. Aliña con esta vinagreta la ensalada en el momento de servir.

Te ayuda

La combinación de fruta y frutos secos aporta una dosis destacable de fibra, de efecto laxante suave. Por otro lado, ayuda a alcanzar las tres raciones de fruta que se recomienda tomar diariamente.

Primer plato

Risotto ligero de setas

INGREDIENTES

- 300 g de setas
- 250 g de arroz arborio o carnaroli
- 1 cebolla
- 1 diente de ajo
- 1 dl de aceite de oliva extra virgen
- 1 copita de vino blanco
- 750 ml de caldo de verduras
- 50 g de queso parmesano
- Sal y p imienta

Tiempo: 40 min **Raciones:** 4 **Calorías:** 400

Limpia las setas. Pela la cebolla y el diente de ajo y pícalos. Calienta el caldo de verduras. Ralla el queso parmesano.

Pocha la cebolla y el diente de ajo en una cazuela con aceite de oliva durante 5 minutos a fuego suave, añade las setas en troceadas y saltea 5 minutos.

Incorpora el arroz y sofríe 5 minutos, sin parar de remover. Vierte el vino y un cacillo de caldo. Ve añadiendo caldo a medida que se vaya absorbiendo y cuece hasta que el arroz esté al punto.

Agrega el queso parmesano y remueve. Deja reposar 2 minutos y sirve.

Truco: El arroz arborio o el carnaroli se caracterizan por su elevado contenido de almidón, que se desprende lentamente, hace que el arroz no se pase y proporciona al risotto esa particular textura cremosa y suave.

Te ayuda

Las setas son muy interesantes por su contenido en fósforo y ergosterol, una sustancia precursora de la vitamina D, fundamental para la buena asimilación del calcio y para que este quede fijado en los huesos.

Primer plato

Sopa de calabaza, apio y arroz

INGREDIENTES

- 100 g de arroz
- 600 g de calabaza
- 1 cebolla grande
- 1 zanahoria
- 1 puerro
- 1 apio
- 2 dientes de ajo
- 1 ramita de tomillo
- Aceite de oliva
- Sal y pimienta

Tiempo: 50 min **Raciones:** 4 **Calorías:** 240

Pela la cebolla y los ajos, y pícalos finos. Rehógalos unos 7 minutos en una cazuela con dos cucharadas de aceite.

Lava el apio y retira las hojas. Lava también el puerro. Pela la zanahoria. Corta estos vegetales en rodajas finas y agrégalos a la cazuela. Rehógalos 2 minutos, salpimienta y cubre con 1 litro de agua.

Pela la calabaza, trocéala y retira las semillas. Lava la ramita de tomillo. Añade ambas a la cazuela, remueve y prosigue la cocción, a fuego medio, durante 5 minutos. Incorpora el arroz y cuece 20minutos más; si es necesario, añade un poco más de agua hirviendo. Rectifica de sal y sirve caliente.

Truco: Esta sopa quedará aún más sabrosa si utilizas caldo de ave en lugar de agua para cocer las verduras.

Te ayuda

Además del efecto diurético y saciante de esta sopa, que te ayudarán en caso de querer controlar el peso, destaca su riqueza en fibra y antioxidantes como los betacarotenos, que contribuyen a reducir el colesterol.

Primer plato

Crema de castañas

INGREDIENTES

- 500 g de castañas
- 1 cebolla
- 1 bulbo de hinojo
- 1/2 litro de caldo vegetal
- 1 ramita de perejil
- 2 cucharadas de aceite de oliva
- Sal

Tiempo: 55 min **Raciones:** 4 **Calorías:** 295

Haz un pequeño corte en la piel de las castañas y ponlas a cocer durante unos 10 minutos en abundante agua hirviendo. Escúrrelas y, cuando estén frías, quítales también la piel interior que las recubre y trocéalas.

Pela y pica la cebolla y el hinojo. Lava el perejil y sécalo bien.

Calienta el aceite de oliva en una cazuela y rehoga a fuego lento la cebolla y el hinojo durante 5 minutos. Añade las castañas y cubre con el caldo. Sazona con una pizca de sal y deja cocer durante 15 minutos o hasta que las castañas estén tiernas.

Tritura la mezcla con una batidora o un robot hasta conseguir una textura lisa, decora con el perejil picado y sírvela enseguida.

Truco: Las castañas se suelen tomar asadas, pero combinan muy bien con legumbres y frutas. Un poquito de canela al cocerlas dará a la crema un toque muy especial.

Te ayuda

La castaña aporta una buena cantidad de hidratos de carbono complejos y también fibra, lo que hace que proporcione energía de forma lenta y gradual y sea bien tolerada por las personas diabéticas.

Primer plato

Huevos al plato con setas

INGREDIENTES

- 4 huevos
- 200 g de setas variadas
- 1 cebolla
- 1 manojo de ajos tiernos
- Aceite de oliva
- Sal
- Pimienta

Tiempo: 20 min **Raciones:** 4 **Calorías:** 215

Limpia bien las setas con un paño de cocina húmedo, para retirar los restos de tierra que puedan contener. Después, córtalas en trozos o en láminas finas.

Pela la cebolla y pícala finamente. Lava los ajos tiernos y córtalos en trozos de unos 2 cm.

Sofríe la cebolla hasta que adquiera un ligero color dorado. Agrega los ajos tiernos, deja un par de minutos, sube un poco el fuego e incorpora las setas. Remueve y sazona con sal y pimienta.

Reparte el salteado en cazuelitas individuales aptas para el horno. Casca un huevo en cada cazuelita y sazona con una pizca de sal. Introduce las cazuelitas en el horno, previamente calentado a 180 °C, durante 10 minutos o hasta que los huevos hayan cuajado.

Sirve los huevos al plato acompañados con unas tostaditas de pan.

Te ayuda

El huevo es un alimento muy completo y poco calórico. Por eso, y porque sus nutrientes se asimilan casi al cien por cien, puede proteger la salud al ayudar a equilibrar la dieta y evitar carencias.

Primer plato

Crema de boniato

INGREDIENTES

- 800 g de boniatos
- 2 puerros
- 1/2 litro de bebida de avena
- 2 ajos tiernos
- 1 cucharada de pipas de girasol peladas
- 1 cucharada de piñones pelados
- 2 cucharadas de algas variadas secas
- 1 cucharadita de salsa de soja
- 1 cucharadita de vinagre de Jerez o balsámico
- 9 cucharadas de aceite de oliva
- Sal

Tiempo: 55 min **Raciones:** 4 **Calorías:** 460

Pon las algas en remojo en agua. Pela, lava y trocea los boniatos. Limpia los puerros, retirando las raíces y la parte verde, lávalos bien y trocéalos. Saltea los puerros y los boniatos en la mitad del aceite y, cuando estén dorados, cubre con agua y agrega la bebida de avena. Sazona.

Deja cocer 30 minutos a fuego lento. Tritura la verdura con el líquido de cocción necesario para obtener un puré fino.

Sofríe los ajos, las pipas y los piñones en el aceite restante durante 3 minutos. Luego, añade las algas bien escurridas. Prosigue la cocción 3 o 4 minutos, retira del fuego y adereza la preparación con la salsa de soja y el vinagre. Reparte la crema en cuatro platos hondos, cúbrela con la mezcla de algas y sírvela caliente.

Te ayuda

Una de las propiedades más destacadas del boniato es su aporte energético y su poder antioxidante, que refuerza tu salud: ayuda a prevenir enfermedades degenerativas y mejora las defensas.

Primer plato

Arroz de otoño con acelgas

INGREDIENTES

- 250 g de arroz
- 1/2 litro de caldo de jamón
- 2 cebollas
- 1/2 manojo de acelgas
- 2 tomates
- 1 diente de ajo
- 1 vasito de oporto
- 1 cucharadita de pimentón dulce
- 3 cucharadas de aceite de oliva
- Sal
- Pimienta

Tiempo: 45 min **Raciones:** 4 **Calorías:** 390

Lava las acelgas, pícalas finamente y cuécelas durante 8 minutos en agua hirviendo con sal. Escúrrelas bien.

Pica las cebollas y rehógalas en una cazuela o paella con tres cucharadas de aceite hasta que estén transparentes. Añade el ajo picado y el tomate rallado, salpimienta y cuece durante 10 minutos más. Vierte el oporto, sube la intensidad del fuego y deja reducir 2 minutos.

Agrega las acelgas y sazona con el pimentón. Vierte el arroz, rehógalo durante 2 minutos y cubre con el caldo caliente. Deja cocer a fuego medio durante 18-20 minutos y sirve.

Truco: Siempre que prepares arroz recuerda que debes añadir el caldo bien caliente para no parar la cocción.

Te ayuda

El hierro de las acelgas contribuirá a evitar carencias de este mineral, sobre todo en la primera etapa de la menopausia. Además, los ingredientes de esta receta lograrán que te sientas con energía y buen animo.

Segundo plato

Bacalao en salsa verde

INGREDIENTES

- 600 g de lomos de bacalao fresco
- Unas ramitas de perejil
- 2 dientes de ajo
- 1 cebolla
- 1 cucharada de harina
- 1 copa de vino blanco
- 200 g de judías verdes
- 3 cucharadas de aceite de oliva
- Sal
- Pimienta

Tiempo: 25 min **Raciones:** 4 **Calorías:** 225

Despunta las judías verdes y retira las hebras. Lávalas, córtalas por la mitad a lo largo y ponlas a cocer en agua salada 12 minutos, hasta que estén tiernas.

Pela los ajos y la cebolla, y pícalos. Lava el perejil, sécalo y pícalo.

Calienta el aceite en una cazuela ancha, preferiblemente de barro, y rehoga la cebolla 7-8 minutos. Añade los ajos y continúa la cocción 2 minutos más. Espolvorea con la harina, deja que se dore ligeramente unos instantes y riega con el vino. Sube el fuego y deja reducir.

Añade el perejil, el pescado salpimentado y un vaso de agua. Cuece, a fuego suave y moviendo de vez en cuando la cazuela, 5-6 minutos. Sirve enseguida con las judías verdes y la salsa.

Te ayuda

El bacalao es un pescado ligero y de fácil digestión. Las pocas grasas que contiene son cardiosaludables y en este caso van acompañadas de la fibra de la verdura, que también te ayuda a controlar el colesterol.

Segundo plato

Congrio con tomate

INGREDIENTES

- 700 g de congrio en rodajas
- 8 tomates maduros
- 2 dientes de ajo
- 1 cebolla
- 1 pimiento choricero
- 30 g de almendras tostadas
- 1 rebanada de pan
- 2 ramitas de perejil
- 4 cucharadas de aceite de oliva
- Sal
- Pimienta

Tiempo: 30 min **Raciones:** 4 **Calorías:** 320

Pela los tomates, córtalos en cuartos, retira las semillas y pícalos. Pela y pica también la cebolla y los ajos.

Pon a remojar el pimiento choricero, ábrelo y, rascando con un cuchillo o con una cuchara, saca la pulpa para añadirla al plato. Tuesta el pan.

Calienta el aceite en una cazuela y sofríe la cebolla y el ajo 6 minutos. Añade el tomate, salpimienta y rehoga 15 minutos más. Machaca en el mortero la pulpa del pimiento choricero con el pan, las almendras y el perejil lavado y picado.

Añade a la cazuela con el pescado, la majada que has preparado y un vasito de agua. Tapa y deja cocer durante 10 minutos. Sirve.

Te ayuda

Se ha demostrado que el consumo habitual de tomate contribuye a mejorar la circulación y a reducir la tensión arterial. Esto se debe, en parte, al licopeno, que es el caroteno que contiene en mayor cantidad.

Segundo plato

Salmón con mostaza

INGREDIENTES

- 4 supremas de salmón
- 1 cucharada de mostaza a la antigua
- 2 cucharadas de aceite de oliva
- 1 cucharada de miel
- Sal gruesa
- Pimienta

Tiempo: 20 min **Raciones:** 4 **Calorías:** 427

Coloca la mostaza y la miel en un bol grande y mezcla con una cuchara hasta conseguir una crema densa y homogénea. Agrega el aceite y vuelve a mezclar suavemente sin llegar a ligarlo del todo. Reserva esta salsa.

Calienta un poco de aceite de oliva en una plancha o sartén y coloca el salmón con la piel hacia abajo. Dora el salmón 2 minutos por cada lado o hasta que se haga al punto que nos guste. Espolvorea con un poco de sal gruesa.

Sazona el salmón con una pizca de pimienta y sirve inmediatamente acompañado de la vinagreta de mostaza.

Truco: Para hacerlo con menos grasas, puedes cocinar el salmón en papillote: córtalo en dados, colócalos en papel de horno, añade unas gotas de aceite y cierra el paquete. Introduce en el horno a 180-200 ºC durante unos 15 minutos; cuando el envoltorio se hinche es que el papillote está listo. Sirve los dados de salmón con la misma salsa de la receta.

Te ayuda

El salmón es una excelente fuente de grasas omega 3 (el organismo es incapaz de "fabricarlas"). Estas, además de prevenir enfermedades cardiovasculares, tienen efectos antiinflamatorios.

Segundo plato

Dorada al horno con hinojo

INGREDIENTES

- 4 doradas de ración
- 2 cebollas
- 3 patatas
- 1 diente de ajo
- 1 vasito de vino blanco
- 2 cucharadas de licor de anís
- 1 limón
- 1 cucharadita de semillas de hinojo
- 2 bulbos de hinojo
- 1 ramita de perejil picada
- Aceite de oliva
- Sal
- Pimienta

Tiempo: 45 min **Raciones:** 4 **Calorías:** 465

Coloca las patatas y las cebollas, cortadas en rodajas, en una sartén con cuatro cucharadas de aceite, añade el ajo picado y deja cocer durante 10 minutos. Salpimienta las patatas y las cebollas y colócalas en el fondo de una fuente refractaria.

Pon a cocer los bulbos de hinojo en agua hirviendo 8 minutos. Luego, escúrrelos y córtalos en láminas.

Dispón las doradas encima de las patatas, salpiméntalas y alíñalas con zumo de limón. Espolvorea con las semillas de hinojo, y añade el vino y el licor.

Introduce la bandeja en el horno, precalentado a 180 °C, y cuece 20 minutos. Sirve las doradas con las patatas, el hinojo y un poco de perejil picado.

Te ayuda

Se trata de un plato que aporta grasas buenas para tu corazón y de fácil digestión, ya que el aceite esencial del hinojo contribuye a aliviar la sensación de hinchazón y pesadez tras la comida.

Segundo plato

Codornices con uvas

INGREDIENTES

- 4 codornices
- 300 g de uvas
- 2 cebollas
- 1 zanahoria
- 1 vaso de caldo
- 1 chorrito de moscatel
- 3 cucharadas de aceite de oliva
- Perejil
- Tomillo
- Sal y pimienta

Tiempo: 50 min **Raciones:** 4 **Calorías:** 368

Pela y despepita las uvas cuidadosamente para mantenerlas enteras. Pela y corta la cebolla y la zanahoria en juliana. Pica el perejil y el tomillo.

Limpia las codornices, salpimiéntalas por dentro y por fuera, y rellena cada una con tres uvas y una ramita de tomillo. Ata con hilo de cocina.

Dora las codornices en una cazuela con aceite, añade la cebolla y la zanahoria y deja a fuego lento. Incorpora el tomillo, el perejil, el caldo y el moscatel y cuece a fuego lento durante 30 minutos, dando la vuelta a las codornices de vez en cuando (si es necesario añade un poco de agua para mantener siempre un dedo de líquido en la cazuela).

Añade las uvas 5 minutos antes de que finalice la cocción. Retira el hilo y sirve con las uvas y la salsa.

Te ayuda

Las codornices aportan muchas proteínas, que son el material con el que se ha "construido" buena parte de nuestro organismo y que necesitamos para que siga funcionando correctamente.

Segundo plato

Conejo con aceitunas

INGREDIENTES

- 1 conejo troceado
- 600 g de patatas
- 100 g de aceitunas negras
- 1 cebolla
- 1 vasito de vino blanco
- 1/2 litro de caldo
- 1 ramita de tomillo
- Aceite de oliva
- Sal y pimienta

Tiempo: 50 min **Raciones:** 4 **Calorías:** 305

Dora los trozos de conejo en una cazuela con cuatro cucharadas de aceite de oliva. Salpimiéntalos, retíralos y resérvalos. En el mismo aceite, sofríe la cebolla picada hasta que esté transparente.

Incorpora de nuevo el conejo a la sartén junto con el tomillo y las aceitunas negras. Vierte el vasito de vino blanco y deja que reduzca unos minutos a fuego fuerte.

Añade las patatas troceadas y cubre con el caldo caliente. Tapa y deja cocer a fuego lento durante 25 minutos. Pasado este tiempo, rectifica de sal si es necesario y sirve.

Truco: Cada parte del conejo tiene un sabor diferente, así que puedes preparar esta receta, por ejemplo, con cuartos traseros, que son la parte que posee la carne más sabrosa.

Te ayuda

El conejo aporta pocas grasas y calorías. Otra de sus ventajas es su bajo contenido en sodio, por lo que es recomendable en caso de hipertensión. Las aceitunas enriquecen la receta con grasas cardiosaludables.

Segundo plato

Pavo asado con salsa de granada

INGREDIENTES

- 1 pechuga de pavo entera
- 1 dl de aceite de oliva
- 1 dl de Pedro Ximénez
- 1 dl de vino blanco
- 2 dientes de ajo
- 1 granada
- 2 zanahorias
- 1 cebolla
- Sal y pimienta

Tiempo: 1 h y 10 min **Raciones:** 4 **Calorías:** 475

Pica la cebolla y dora en una sartén con tres cucharadas de aceite de oliva. Añade las zanahorias peladas y troceadas.

Incorpora los granos de la granada. Rehoga todo 3 minutos y vierte el Pedro Ximénez. Deja al fuego 15 minutos más. Tritura el conjunto y pásalo por el chino. Reserva.

Corta la pechuga de pavo sin llegar a separarla del todo, de forma que quede abierta como un libro, salpimienta y vuelve a cerrar dándole su forma original. Ata con hilo de cocina y dispón sobre una fuente de horno.

Riega con el aceite de oliva y el vino. Hornea durante 40 minutos; da la vuelta a mitad de la cocción. Retira el hilo de la pechuga y sírvela cortada en rodajas con la salsa de granada.

Te ayuda

En este plato destacan la fibra y antioxidantes de la granada, cuyas sustancias fenólicas contribuyen a frenar el envejecimiento y las enfermedades degenerativas.

Segundo plato

Pollo de corral con setas

INGREDIENTES

- 1 pollo de corral, entero y limpio
- 800 g de setas variadas
- 4 dientes de ajo
- 4 cucharadas de aceite de oliva
- 1 copita de vino blanco
- 1 copita de brandy
- Tomillo fresco
- Sal
- Pimienta

Tiempo: 2 h **Raciones:** 6 **Calorías:** 375

Limpia las setas con cuidado, frotando con un paño de cocina húmedo, para retirar los restos de tierra que puedan contener.

Pon al fuego una sartén antiadherente con aceite de oliva y dora los ajos laminados. Incorpora las setas y saltéalas durante 5 minutos. Agrega el tomillo, sazona con sal y pimienta y saltea 2 minutos más.

Rellena el pollo con las setas (reserva una tercera parte). Ata con hilo de cocina, unta con aceite y salpimienta. Asa en el horno 40 minutos a 180 °C.

A continuación, riega con el brandy y el vino, y hornea 40 minutos más. Durante la cocción, ve regando el pollo de vez en cuando con los jugos de cocción.

Incorpora las setas reservadas a la bandeja, espolvorea con unas hojitas de tomillo y deja en el horno 10 minutos más.

Te ayuda

El pollo es un alimento bajo en calorías y grasas, y además de fácil masticación y digestión. Y con las setas forman un dúo perfecto. Solo una recomendación: en caso de colesterol alto, retira la piel antes de cocinarlo.

Postre

Puré de caqui con yogur y fruta

INGREDIENTES

- 1 piña
- 2 kiwis
- 2 peras
- 2 caquis de pulpa blanda
- 1 limón
- 2 yogures naturales
- 4 cucharadas de azúcar
- Menta fresca

Tiempo: 15 min **Raciones:** 4 **Calorías:** 215

Corta los caquis y extrae la pulpa con ayuda de una cuchara o un cuchillo.

Dispón la pulpa de los caquis en un cazo. Agrega dos cucharadas de azúcar y medio vasito de agua. Pon a cocer todo junto, removiendo de vez en cuando, hasta que quede una salsita espesa almibarada. Deja enfriar.

Pela la piña, retira la parte central leñosa y corta la pulpa en trocitos. Pela los kiwis y córtalos en dados. Pela las peras y córtalas en daditos. Bate los yogures con la mitad del azúcar.

Vierte el puré de caqui en vasos alternando con el yogur. Añade los trocitos de fruta y sirve. Decora, si quieres, con unas hojitas de menta fresca.

Truco: La pulpa del caqui madura, gelatinosa y dulce, resulta muy adecuada para mezclarla con quesos, yogures o preparar con ella compotas y mermeladas.

Te ayuda

En este cóctel de frutas, destaca el caqui por su gran cantidad de fibra y antioxidantes, que ayudan a disminuir las tasas de colesterol LDL (el malo) y, por tanto, a reducir el riesgo de padecer arteriosclerosis.

Postre

Membrillo con granada

INGREDIENTES

- 2 membrillos
- 2 granadas
- 1 rama de canela
- 300 g de azúcar
- 1 copita de oporto o de moscatel
- 1 cucharadita de maicena

Tiempo: 45 min **Raciones:** 4 **Calorías:** 345

Pela los membrillos, córtalos en rodajas y retira las semillas. Pon al fuego un cazo con 300 ml de agua, añade 220 g de azúcar, la canela y los membrillos, y deja cocer a fuego medio 15 minutos. Retira y deja enfriar en el líquido de cocción.

Parte las granadas por la mitad a lo ancho. Golpea la cáscara con la mano del mortero y deja caer los granos sobre un bol. Reserva algunos para decorar y pasa el resto por el pasapurés.

Disuelve la maicena en 2 cucharadas del jugo de granada. Pon el resto de zumo en un cazo con el vino y 80 g de azúcar. Cuece 5 minutos a fuego suave. Añade la maicena disuelta y deja 2 minutos más.

Reparte la salsa de granada en cuatro platos de postre, dispón encima las rodajas de membrillo y sirve decorado con los granos de granada reservados.

Truco: También puedes hornear los membrillos: córtalos por la mitad, retira las semillas y rellena el hueco con azúcar integral. Sirve con la salsa de granada.

Te ayuda

Destacan los taninos del membrillo, que tienen efecto astringente, útil en caso de diarrea, y también su alto contenido en potasio y bajo en sodio, que lo hace recomendable en caso de hipertensión arterial.

Postre

Macedonia de otoño

INGREDIENTES

- 2 manzanas
- 60 g de uvas
- 4 mandarinas
- 1 ramita de hierbaluisa
- 4 cucharadas de miel
- 4 cucharadas de vino blanco dulce

Tiempo: 15 min **Raciones:** 4 **Calorías:** 109

Pela las mandarinas y separa los gajos, retirando con cuidado la telilla que los recubre. Recoge el jugo que vayan soltando. Lava la hierbaluisa, sécala y separa las hojas.

Pela las manzanas o lávalas bien y déjalas con la piel si son de cultivo ecológico. Córtalas en cuartos y trocea cada cuarto en dos o tres piezas. Mézcalas con los gajos de mandarina.

Lava las uvas y corta cada grano por la mitad. Elimina las semillas con cuidado.

Mezcla la miel con el vino blanco dulce y el jugo de las mandarinas. Añade las hojas de hierbaluisa.

Reparte las uvas, los gajos de mandarina y los daditos de manzana en cuatro boles y vierte la mezcla de vino y miel. Sirve enseguida.

Truco: En lugar de añadir las hojas de hierbaluisa tal cual, prepara una infusión con un poco de agua. Luego, mézclala con la miel.

Te ayuda

Las frutas de siempre, como la manzana o las uvas, tienen muchísimas propiedades, pero estamos tan habituados a ellas que a veces lo olvidamos: son saciantes, ayudan a eliminar toxinas, disminuyen el colesterol...

Postre

Batido de chirimoya

INGREDIENTES

- 4 chirimoyas
- 1/2 litro de leche
- 50 g de azúcar
- Canela molida
- Menta
- Anís estrellado

Tiempo: 10 min + reposo **Raciones:** 4 **Calorías:** 240

Corta las chirimoyas en dos, extrae la pulpa con ayuda de una cuchara y retira las pepitas; troceála.

Coloca la pulpa de las chirimoyas en el vaso de la batidora. Añade la leche y el azúcar, y bate con suavidad hasta conseguir una mezcla cremosa. También puedes licuar la pulpa hasta que quede bien homogénea y luego añadir la leche y azúcar o miel.

Deja enfriar en la nevera durante 30 minutos. En el momento de servir, reparte el batido en copas o vasos altos, y espolvorea con un poco de canela molida.

Para acabar, decora con las hojitas de menta y unas vainas de anís estrellado.

Truco: Sustituye la leche entera por desnatada y disminuye la cantidad de azúcar (la chirimoya ya es bastante dulce) y conseguirás un postre igualmente sabroso con menos de la mitad de calorías.
Para completar el batido, puedes añadir trocitos de fruta fresca o unos frutos secos picados, como avellanas, pistachos...

Te ayuda

Esta receta es fácil de digerir y buena para la salud de tus huesos. Si te sobra algún kilo o tienes el colesterol alto sustituye la leche entera por desnatada, que contiene menos grasa pero la misma cantidad de calcio.

Recetas de invierno

Las sopas, los guisos de legumbres y los platos algo más "contundentes" llegan a nuestras mesas. Son la forma más eficaz de entrar en calor y prevenir trastornos típicos de esta época como catarros o gripes

NARANJA Y MANDARINAS

Se suelen recomendar al menos dos naranjas al día para asegurar un aporte suficiente de vitamina C y cuatro mandarinas también cumplirán perfectamente con estas recomendaciones. La vitamina C tiene una marcada acción antioxidante y fortalece el sistema inmunitario, por lo que ayuda a afrontar gripes y resfriados.

KIWI

Es muy poco calórico y más rico en vitamina C que los cítricos, ya que con solo una pieza al día se cubren las necesidades de esta vitamina. Por otro lado, contiene una importante cantidad de fibra soluble que le otorga un eficaz efecto laxante y contribuye a disminuir los niveles de colesterol.

PIÑA

Su propiedad más destacada es su contenido en bromelaína, que ayuda a digerir mejor las proteínas por lo que es muy adecuada para combinar con carnes o para tomar después de comidas copiosas.

PERA CONFERENCE

Su consumo habitual ofrece beneficios para tu corazón: gracias a su abundante fibra contribuye a reducir los niveles de colesterol y su riqueza en potasio le otorga un efecto diurético, lo que sirve de ayuda en caso de hipertensión.

PUERRO

De la misma familia que la cebolla y el ajo, el puerro comparte muchas de sus propiedades: por ejemplo, los compuestos azufrados, que le confieren su olor y sabor tan característicos y también los mismos efectos expectorantes, muy útiles en catarros y bronquitis.

ALCACHOFA

Goza de gran prestigio por sus propiedades depurativas y además tiene la capacidad de proteger el hígado, los riñones y el corazón. Contiene inulina, una sustancia prebiótica que contribuye a reducir los niveles de azúcar en la sangre y a potenciar el crecimiento de la flora del intestino, por lo que ayuda a regular el tránsito intestinal.

COLES: BRÉCOL, COLIFLOR...

Brécol, coliflor, berza, col... son hortalizas que pertenecen a la familia de las Crucíferas. Lo que realmente las diferencia respecto a los demás vegetales es su alto contenido en compuestos sulfurados (glucosinolatos, isotiocianatos e indoles), que se ha demostrado que tienen propiedades anticancerígenas.

CARDO

Aporta componentes como la silimarina y la inulina, a los que debe sus propiedades protectoras del hígado. También tiene efecto diurético y ayuda a reducir los niveles altos de colesterol.

ESCAROLA

Es diurética, estimula el apetito, tonifica el sistema digestivo y tiene efecto colagogo (facilita el vaciamiento de la vesícula). También es una buena fuente de fibra, ácido fólico y flavonoides que contribuyen a reducir el riesgo cardiovascular.

ENDIBIA

Muy similar a la escarola, también es una excelente fuente de ácido fólico –100 gramos cubren el 75 por ciento de la cantidad recomendada–. Además, aporta importantes dosis de fibra, por lo que tiene una gran capacidad saciante, y potasio, de ahí sus propiedades diuréticas.

BESUGO

En invierno se "convierte" en pescado azul al aumentar su contenido en ácidos grasos y, claro está, pasa a tener sus mismas propiedades: contribuye a regular la tensión, a bajar el colesterol, a reducir los triglicéridos...

LUBINA

Aporta muy poca cantidad de grasas, lo que hace que sea de muy fácil digestión y recomendable para personas con el estómago delicado. También destaca por su elevado contenido en vitaminas, sobre todo del grupo B, de cuyo aporte suficiente depende tu buen ánimo.

Primer plato

Consomé de pollo

INGREDIENTES

- 1 pollo en octavos
- 2 cebollas
- 1 puerro
- 3 zanahorias
- 5 dientes de ajo
- 3 apios
- 1 nabo
- 1/4 de calabaza
- 25 g de pistachos pelados
- 1 atadillo de hierbas
- Pimienta negra en grano
- Hierbas aromáticas
- Sal

Tiempo: 2 h 30 min **Raciones:** 4-6 **Calorías:** 117

Lava las verduras, pela las cebollas y trocea junto con las zanahorias, el puerro, los apios, la calabaza y el nabo.

Aplasta los ajos sin pelar con ayuda de un cuchillo. En una olla grande, coloca el pollo troceado y todas las verduras, añade también los granos de pimienta negra y el atadillo de hierbas. Cubre con agua.

Deja cocer el caldo, a fuego suave, durante unas 2 horas, removiendo de vez en cuando. Durante la cocción retira la espuma que se forma en la superficie, para eliminar las impurezas del caldo.

Pela los pistachos y pícalos bien finos. Cuela el caldo, añádele los pistachos y sirve.

Te ayuda

Las sopas son reconstituyentes y saciantes; no hay que olvidar que los platos calientes "llenan" más que los que se toman templados o fríos, por lo que pueden ayudar a controlar el peso. Además, son de fácil digestión.

Primer plato

Endibias con salmón

INGREDIENTES

- 2 endibias
- 200 g de queso fresco para untar
- 100 g de salmón ahumado
- 2 cebolletas
- 4 pepinillos en vinagre
- 1 huevo
- 1/2 limón
- Perejil fresco

Tiempo: 25 min **Raciones:** 4 **Calorías:** 205

Lava las endibias con cuidado, escúrrelas bien y sécalas. Separa las hojas una a una y disponlas sobre los platos de servir.

Cuece el huevo en agua hirviendo durante 10 minutos. Pásalo por agua fría y pélalo.

Pica finamente las cebolletas, los pepinillos, el perejil y el huevo duro. Mézclalo todo bien.Corta el salmón ahumado en tiritas y rellena las endibias.

Mezcla el queso con el zumo del medio limón y reparte sobre las tiritas de salmón. Encima distribuye el picadillo de encurtidos, cebolleta y huevo duro y sirve.

Truco: Si no te gusta su sabor, corta las endibias muy finas y mézclalas con el salmón. Unta unas tostadas con el queso, coloca encima las tiritas de salmón y las endibias y cubre con el picadillo.

Te ayuda

Las endibias te aportan muchísimo ácido fólico, que previene la anemia; carotenos, que cuidan tu piel, y potasio, con efecto diurético. Si quieres que no pierdan sus propiedades tómalas crudas como en esta receta.

Primer plato

Crema de puerros

INGREDIENTES

- 500 g de puerros (la parte blanca)
- 250 g de patatas
- 300 ml de leche evaporada
- 1 cucharada de mantequilla
- Aceite de oliva
- Pimienta blanca
- Cebollino
- Sal

Tiempo: 40 min **Raciones:** 4 **Calorías:** 450

Corta los puerros por la mitad longitudinalmente y pásalos bajo el chorro de agua fría para eliminar los posibles restos de tierra. Trocéalos y disponlos en una cazuela junto con la mantequilla y un chorrito de aceite.

Rehógalos a fuego medio unos minutos sin que lleguen a dorarse. Añade las patatas peladas y troceadas y cubre todo el conjunto con agua. Cuécelo unos 25 minutos.

Añade la leche evaporada y tritura los ingredientes con ayuda de la batidora. Pasa la crema por el chino para que quede bien fina, salpimienta y sírvela con el cebollino picado.

Truco: Cuece los puerros y las patatas en caldo de verduras o de pollo; quedará una crema mucho más sabrosa. La cocción del puerro no debe prolongarse demasiado para evitar que adquiera una textura pastosa.

Te ayuda

Aporta un extra de energía al organismo por la gran cantidad de hidratos de carbono de absorción lenta que incluyen las patatas y también te ayudará a cuidar la salud de tus huesos gracias al calcio de la leche.

Primer plato

Ensalada de escarola

INGREDIENTES

- 1 escarola
- 200 g de queso fresco desnatado
- 100 g de nueces
- 2 cucharadas de vinagre de manzana
- 4 cucharadas de aceite de oliva virgen
- 1/2 naranja
- Cebollino
- Pimienta negra
- Sal

Tiempo: 10 min **Raciones:** 4 **Calorías:** 318

Lava y escurre bien la escarola. Trocea con las manos y dispón en el fondo de una ensaladera o en cuatro boles individuales. Corta el queso fresco en cuartos y cada cuarto en láminas, y añádelo.

Prepara la vinagreta: Mezcla el aceite de oliva con el vinagre de manzana, el zumo de la naranja, unos tallos de cebollino picados finamente, sal y pimienta negra molida.

Tritura la mitad de las nueces y añádelas a la salsa vinagreta. Mezcla.

Aliña la ensalada con la vinagreta y sirve decorada con las nueces restantes y unos tallos de cebollino.

Truco: La escarola es amarga por naturaleza, pero no tanto si se cultiva protegida de la luz. Puedes encontrarla en el mercado todo el año, pero es más sabrosa en invierno.

Te ayuda

Esta ensalada tiene propiedades digestivas y efecto saciante. Además, la escarola es fuente de ácido fólico y flavonoides, que contribuyen a reducir el riesgo de enfermedades cardiovasculares.

Primer plato

Alubias con brócoli

INGREDIENTES

- 250 g de alubias blancas
- 1 brócoli
- 2 zanahorias
- 1 cabeza de ajos
- 1 hoja de laurel
- 1 cucharadita de pimentón dulce
- 40 ml de aceite de oliva
- Sal
- Pimienta

Tiempo: 2 h **Raciones:** 4 **Calorías:** 307

Deja las legumbres en remojo en abundante agua fría la víspera.

Retira el tronco del brócoli y sepáralo en ramitas. Corta las más grandes por la mitad. Pela las zanahorias y córtalas en rodajas finas.

Escurre las legumbres, introdúcelas en una cazuela, cubre con agua (cuatro dedos por encima de las alubias), y añade la cabeza de ajos entera y la hoja de laurel. Pon a cocer a fuego medio durante 1 hora y media.

Agrega las ramitas de brócoli y la zanahoria y cuece 20 minutos más. Cuando las alubias estén tiernas, condimenta con sal, pimienta y pimentón. Sirve con un chorrito de aceite crudo.

Truco: Cocina bien las legumbres para que resulten más fáciles de digerir.

Te ayuda

Esta receta consigue un elevado aporte de fibra, que contribuye a evitar el estreñimiento. Además, tanto las alubias como el brócoli, ayudan en la prevención de ciertos tipos de cáncer, como el de mama y el de colon.

Primer plato

Crema de coliflor

INGREDIENTES

- 1 coliflor
- 1 cebolla
- 1 puerro
- 2 dientes de ajo
- 1 litro de caldo de verduras
- Unas hebras de azafrán
- Cebollino
- Aceite de oliva
- Sal
- Pimienta

Tiempo: 35 min **Raciones:** 4 **Calorías:** 195

Pica la cebolla, el ajo y la mitad del puerro y sofríelos en una olla con aceite de oliva a fuego lento. Cuando la cebolla esté transparente, añade la coliflor troceada, remueve durante un par de minutos y salpimienta.

Incorpora las hebras de azafrán, mezcla bien y vierte el caldo de verduras caliente.

Cuece con la olla semitapada durante unos 20 minutos o hasta que la coliflor esté bien hecha. Luego, tritúrala muy bien, rectifica el punto de sal y pon a calentar la crema resultante durante 5 minutos más a fuego lento.

Corta el puerro restante en juliana fina y fríelo en una sartén con aceite de oliva. Sirve la crema con el crujiente de puerro y cebollino picado.

Te ayuda

Esta crema, por su alto contenido en compuestos azufrados (del puerro, la cebolla, el ajo y la coliflor) ofrece propiedades antioxidantes. También debes sumar su efecto diurético, que te ayuda en caso de hipertensión.

Primer plato

Sopa de pasta rellena

INGREDIENTES

- 1 pollo mediano limpio y troceado
- 2 cebollas grandes
- 3 zanahorias
- 1 puerro
- 2 apios
- 3 dientes de ajo
- 1 atadillo de hierbas
- 300 g de pasta rellena
- Sal
- Pimienta

Tiempo: 2h **Raciones:** 4 **Calorías:** 420

Pela la cebolla. Lava la zanahoria, el puerro y el apio, trocéalos y colócalos en una olla grande.

Dispón el pollo en la olla junto con las verduras (también las hojas del apio). Cubre con agua, añade el atadillo de hierbas y lleva al fuego. Cuece durante una hora y media. Transcurrido el tiempo indicado, cuela el caldo.

Pon el caldo de nuevo al fuego, salpimienta y añade la pasta rellena; cuécela hasta que esté al dente.

Sirve la pasta con un poco del caldo y decora con hierbas aromáticas.

El truco: Es importante ir retirando la espuma del caldo de la superficie durante la cocción para eliminar todas las impurezas. Utiliza para ello un cucharón o una espumadera.

Te ayuda

El caldo de pollo es reconfortante y remineralizante, ideal para entrar en calor en los meses más fríos del año. Ahora, además, se ha descubierto que también ayudaría a controlar la presión arterial.

Primer plato

Verduras al horno

INGREDIENTES

- 300 g de patatas pequeñas
- 300 g de calabaza
- 3 alcachofas
- 200 g de tomates cherry
- 1 pimiento verde
- 3 dientes de ajo
- 4 cucharadas de aceite de oliva
- Sal
- Pimienta

Tiempo: 35 min **Raciones:** 4 **Calorías:** 110

Lava las patatitas, colócalas en una olla con agua salada y cuécelas durante 10 minutos. Déjalas entibiar y pélalas.

Pela la calabaza y córtala en dados. Retira las hojas duras exteriores de las alcachofas y los tallos; c orta los corazones en octavos. Lava el pimiento verde y córtalo en cuadraditos. Lava también los tomates cherry.

Salpimienta todas las verduras, disponlas en una fuente apta para el horno con los ajos enteros y rocíalas con aceite de oliva. Cuécelas en el horno durante 20 minutos a 180 °C. Sírvelas recién hechas aderezadas con el jugo de la cocción.

Truco: Prepara un aliño que realzará aún más el sabor de las verduras mezclando 2 cucharadas de mostaza y 6 cucharadas de aceite.

Te ayuda

Una excelente manera de tomar verduras en invierno, cuando las ensaladas frías no apetecen tanto, además, las verduras cocinadas al horno son muy ligeras y de más fácil digestión que si se toman crudas.

Segundo plato

Cardo con almejas

INGREDIENTES

- 1 kg de cardos
- 300 g de almejas
- 1/2 limón
- 1/2 cebolla
- 1 diente de ajo
- Aceite de oliva
- Sal

Tiempo: 1 h y 15 min **Raciones:** 4 **Calorías:** 145

Pela los tallos de los cardos retirando los hilos. Córtalos en trozos de unos 4 centímetros y ponlos a cocer en un recipiente con agua, sal y el zumo del limón durante 1 hora o hasta que estén bien tiernos. Escúrrelos reservando un poco del caldo de su cocción.

Rehoga lentamente la cebolla picada y el ajo laminado en una sartén con aceite. Incorpora el cardo con un poco de su caldo, y deja cocer unos 5 minutos a fuego suave.

Finalmente añade las almejas, tapa y agita ligeramente la cazuela para que la salsa se mezcle bien con el jugo que vayan soltando las almejas; mantén al fuego hasta que se abran. Sirve bien caliente con parte del jugo de la cocción.

Truco: Puedes preparar esta misma receta con cardo de bote para ahorrar tiempo. Eso sí, seguramente será necesario cocerlo un poco.

Te ayuda

Este plato es muy recomendable en las dietas de adelgazamiento no solo porque su aporte calórico es muy bajo sino porque, gracias a la fibra del cardo, combate el estreñimiento y proporciona sensación de saciedad.

Segundo plato

Merluza al tomillo

INGREDIENTES

- 1 merluza de 1 kg
- 2 puerros
- 1 zanahoria
- Tomillo
- Pimienta blanca
- Sal

Tiempo: 30 min **Raciones:** 4 **Calorías:** 154

Limpia los puerros para eliminar cualquier resto de tierra que pudieran tener.

Separa la merluza en dos filetes. Con la cabeza y la parte de la espina prepara un caldo, al que añadirás también la parte verde del puerro y una ramita de tomillo. Dispón estos ingredientes en una cazuela y deja hervir unos minutos. Reserva.

Coloca uno de los filetes de merluza con la piel hacia abajo. Añade por encima la zanahoria y la parte blanca del puerro en juliana. Espolvorea con tomillo picado, pimienta y sal, y cubre con el otro filete de merluza con la piel hacia arriba. Envuelve con film transparente y corta en cuatro porciones.

Hierve las porciones de merluza en el caldo reservado durante 8 minutos, retira el film y sirve.

Truco: También puedes preparar la merluza al horno; una vez rellena, ata cada porción y coloca en una fuente con un poco de caldo. Hornea a 220 °C durante 5-7 minutos.

Te ayuda

La merluza es un pescado muy ligero y con pocas grasas, y gracias a la guarnición de verduras enriqueces la receta con fibra, por lo que esta combinación es doblemente beneficiosa para la salud de tu corazón.

Segundo plato

Chipirones con brócoli

INGREDIENTES

- 300 g de brócoli
- 1 kg de chipirones o calamarcitos
- 3 dientes ajo
- 3 ramitas de perejil
- 1 dl de zumo de limón
- 2 cucharadas de aceite de oliva
- 4 cucharadas de vinagre de Módena
- Sal y pimienta

Tiempo: 40 min **Raciones:** 4 **Calorías:** 220

Machaca en un mortero los dientes de ajo junto con el perejil, una pizca de sal y pimienta. Mezcla con el zumo de limón y reserva.

Limpia los chipirones. Disponlos en una fuente. Riega con la mezcla del mortero y reserva durante 20 minutos en el frigorífico.

Separa el brócoli en ramilletes. Cuece hasta que estén al dente; reserva.

Saltea los chipirones a fuego fuerte en una cazuela con dos cucharadas de aceite durante 5 minutos. Dales la vuelta para que se hagan por los dos lados. Retira de la sartén y reserva.

Incorpora el vinagre de Módena a la sartén y desglasa; si fuera necesario incorpora unas cucharadas del líquido de la maceración de los chipirones. Salpimienta y sirve con esta salsa y el brócoli.

Te ayuda

Las diferentes texturas y colores de los ingredientes dan como resultado un plato ligero, sabroso y muy adecuado si quieres limitar la ingesta de grasas, por ejemplo, en caso de sobrepeso o problemas cardiovasculares.

Segundo plato

Lubina al horno con tomatitos

INGREDIENTES

- 4 lomos de lubina
- 400 g de tomates cherry
- Hierbas aromáticas: tomillo, romero, orégano, etc.
- 1 cucharada de azúcar moreno
- Aceite de oliva
- Sal
- Pimienta

Tiempo: 30 min **Raciones:** 4 **Calorías:** 300

Lava y seca los tomates. Calienta una cucharada de aceite en una sartén y agrega los tomates cherry y una pizca de sal. Saltéalos durante 1 o 2 minutos a fuego vivo.

Incorpora el azúcar moreno y una cucharada de agua. Tapa la sartén y continúa la cocción durante unos 8 o 10 minutos más, a fuego muy bajo. Retira los tomates cherry confitados y resérvalos.

Unta los lomos de lubina, limpios y secos, con unas gotas de aceite y colócalos en una fuente de horno. Reparte las hierbas aromáticas picadas por encima y salpimienta. Introduce en el horno, precalentado a 180 °C, durante 8 minutos. Saca la fuente del horno y sirve el pescado inmediatamente acompañado con los tomates confitados.

Truco: Durante la cocción, riega los lomos de lubina con sus propios jugos cada pocos minutos para que no se resequen.

Te ayuda

Este pescado blanco contiene muy poca cantidad de grasa, lo que hace que sea muy fácil de digerir. Por otro lado, las hierbas aromáticas sustituyen, al menos en parte, a la sal, así que se recomienda en caso de hipertensión.

Segundo plato

Besugo al hinojo con puré

INGREDIENTES

- 2 besugos de unos 600 g cada uno
- 300 g de patatas
- 2 cebollas
- 1 limón
- 3 cucharadas de aceite de oliva
- Unas ramitas de hinojo fresco o de eneldo (fresco o seco)
- Sal
- Pimienta

Tiempo: 55 min **Raciones:** 4 **Calorías:** 275

Pela las patatas y córtalas en rodajas finas. Pela las cebollas y córtalas en juliana. Lava el limón, corta dos rodajas y reserva el resto.

Reparte las patatas en el fondo de una fuente de horno, cúbrelas con la cebolla, salpimienta y añade el aceite. Cuece en el horno, precalentado a 180°C, durante 25 minutos.

Rellena los besugos con las ramitas de hinojo. Haz dos cortes en diagonal sobre uno de los lomos de cada besugo e introduce en cada corte media rodaja de limón.

Coloca el pescado sobre las patatas y la cebolla, riégalo con el zumo del limón restante y continúa la cocción 15-20 minutos.

Tritura las patatas con la cebolla hasta obtener un puré bien fino. Separa los lomos del pescado y sírvelos con el puré.

Te ayuda

Preparado de forma sencilla como en esta receta, el besugo resulta de fácil digestión. Además, las grasas de este pescado son muy beneficiosas para tu corazón: ayudan a regular la tensión y a reducir el colesterol.

Segundo plato

Solomillo con piña y mostaza

INGREDIENTES

- 1 solomillo de cerdo
- 8 rodajas finas de piña
- 1 cucharada de azúcar moreno
- 2 cucharadas de mostaza
- Unos tallos de cebollino
- Aceite de oliva
- Sal
- Pimienta

Tiempo: 25 min **Raciones:** 4 **Calorías:** 345

Salpimienta el solomillo y dóralo uniformemente en una sartén con un poco de aceite de oliva durante 8 minutos.

Espolvorea cada rodaja de piña con un poco de azúcar moreno y márcalas en la sartén, a fuego vivo, durante dos minutos por cada lado.

Mezcla cinco cucharadas de aceite con dos cucharadas de mostaza, una pizca de sal y cebollino picado.

Corta el solomillo en rodajas de 1 centímetro de grosor y colócalas en el centro de los platos. Dispón alrededor unas rodajas de piña y condimenta con la salsa de mostaza. Sirve enseguida decorado con unos tallos de cebollino.

Truco: Aunque en el mercado encontrarás varios tipos de mostazas, la de Dijon es la que mejor se adapta a todo tipo de preparaciones.

Te ayuda

El solomillo es una de las partes con menos grasas, más proteínas y también es una buena fuente de hierro de fácil absorción. Al combinarlo con piña no sumas apenas calorías y se digiere más fácilmente.

Segundo plato

Rosbif a la inglesa

INGREDIENTES

- 1 kg de lomo de ternera
- 2 cucharadas de mostaza
- 1 cucharada de salsa Perrins
- 2 cucharadas de caldo de carne
- Sal
- Pimienta

Tiempo: 50 min + reposo **Raciones:** 4 **Calorías:** 360

Salpimienta la carne, úntala con la mostaza y déjala en la nevera durante 2 horas.

Enciende el horno a 220 °C. Unta la carne con un poco de aceite y pásala a una fuente de horno. Hornea unos 20 minutos. Apaga el horno y deja reposar el rosbif en su interior durante 10 minutos para que los jugos de la carne se asienten.

Retira la carne del horno y déjala reposar 5 minutos más para que te resulte más fácil cortarla.

Mezcla los jugos de cocción del rosbif con el caldo de carne y la salsa Perrins, salpimienta y pon al fuego unos minutos hasta que reduzca.

Corta la carne en lonchas finas y sirve con un poco de la salsa y el resto en una salsera aparte.

Truco: Para el tiempo de cocción en el horno se calculan 10 minutos aproximadamente por cada medio kilo de carne. También puedes cocinar el rosbif el día anterior y servirlo frío.

Te ayuda

La carne, en su justa medida, es recomendable para completar la dieta. Su fama de muy calórica y rica en grasas no es cierta en todos los casos: el lomo de ternera, por ejemplo, es bastante ligero.

segundo plato

Pavo con crema de almendras

INGREDIENTES

- 600 g de pechuga de pavo
- 2 puerros
- 100 g de almendras marcona crudas
- 500 g de patatas
- 4 cucharadas de aceite de oliva
- Sal
- Pimienta

Tiempo: 45 min **Raciones:** 4 **Calorías:** 460

Corta la pechuga de pavo en filetes. Lava los puerros y córtalos en rodajas. Pela la mitad de las patatas y trocéalas. Hierve la otra mitad durante 20 minutos. Luego, pélalas y córtalas en rodajas.

Calienta una cazuela con tres cucharadas de aceite de oliva y rehoga el puerro a fuego suave durante 5 minutos. Luego, añade las patatas troceadas, rehoga 5 minutos y agrega las almendras. Cubre con dos vasos de agua y hierve 20 minutos. Salpimienta y tritura bien fino.

Dora los filetes de pavo en la plancha con una cucharada de aceite de oliva. Dispón las rodajas de patata en los platos y, encima, coloca los filetes de pavo. Vierte la salsa de almendras por encima y sirve enseguida.

Truco: Pon a tostar dos cucharadas de almendras laminadas en una sartén antiadherente y añádelas para decorar el plato.

Te ayuda

La combinación de alimentos de esta receta fortalece los huesos, ya que las almendras destacan por ser ricas en calcio y también en magnesio, que ayuda a que el organismo aproveche mejor el calcio.

Postre

Macedonia de piña y naranja

INGREDIENTES

- 2 naranjas
- 3 rodajas de piña
- 50 g de azúcar moreno
- 200 ml de agua mineral
- 10 granos de pimienta de Sichuán (opcional)
- 1 ramita de menta fresca

Tiempo: 10 min **Raciones:** 4 **Calorías:** 102

Prepara el almíbar: Vierte el agua en un cazo y añade el azúcar y, si lo deseas, los granos de pimienta de Sichuán. Lleva a ebullición, retira y añade las hojas de menta lavadas. Deja en infusión hasta que se enfríe.

Pela las naranjas. Separa los gajos y elimina también la pielecilla fina que los recubre.

Pela la piña y trocéala, retirando el tronco central duro. Mézclala con los gajos de naranja.

Riega las frutas con el almíbar frío y colado (reserva la pimienta para decorar) y deja enfriar en la nevera. Justo antes de servir, reparte la macedonia en boles individuales y decórala con los granos de pimienta.

Truco: La pimienta de Sichuán es una variedad con un sabor picante y ácido a la vez. Su aroma a cítricos combina a la perfección con la naranja y la piña, y es porque esta especia en realidad procede de un árbol de la familia de los cítricos. Se debe añadir con moderación, ya que es muy aromática y potente, y se emplea tanto en platos salados como dulces.

Te ayuda

Este postre ligero puede formar parte de cualquier dieta para controlar el peso. Es especialmente recomendable después de una comida demasiado copiosa, ya que te ayudará a digerir mejor.

Postre

Crema de yogur con kiwi

INGREDIENTES

- 500 g de yogur natural
- 6 kiwis
- 2-3 cucharadas de miel
- Unas frambuesas o grosellas (opcional)
- 10 hojas (20 g) de gelatina

Tiempo: 25 min **Raciones:** 4/6 **Calorías:** 118

Pela los kiwis, trocéalos (reserva unas cuantas rodajas para decorar) y tritúralos en la batidora.

Pon a remojar las hojas de gelatina en un bol con agua fría.

Calienta una pequeña parte del puré de kiwi en un cazo y añade ocho de las hojas de gelatina escurridas. Mezcla hasta disolver y luego agrega el resto del kiwi y mezcla de nuevo. Reserva.

Bate el yogur con la miel. Hidrata la gelatina restante en agua fría. Calienta una pequeña parte del yogur y diluye la gelatina escurrida. Incorpora poco a poco el resto del yogur sin dejar de remover.

Intercala capas de yogur y kiwi en cuatro copas y reserva en la nevera hasta que la crema cuaje. Sirve con unas frambuesas y unas rodajitas de kiwi.

Truco: Cada vez que añadas una capa de yogur o de kiwi a la copa, introdúcela en la nevera hasta que cuaje.

Te ayuda

A cambio de muy pocas calorías, este postre es un gran aliado de la salud de los huesos, ya que proporciona una buena cantidad de proteínas, calcio de fácil asimilación y magnesio, entre otros.

Postre

Copa de cítricos

INGREDIENTES

- 3 naranjas
- 2 pomelos rosados
- 150 g de yogur natural desnatado
- 1 cucharada de miel
- Unas ramitas de menta fresca

Tiempo: 15 min **Raciones:** 4 **Calorías:** 114

Lava una de las naranjas, sécala y ralla la mitad de la piel. Pela las naranjas y los pomelos.

Con un cuchillo afilado, separa los gajos de los cítricos, eliminando la pielecilla blanca que los recubre; recoge el jugo que vayan soltando en esta operación. Lava la menta, sécala con papel de cocina y separa las hojas.

Reparte los gajos de cítricos en cuatro copas o boles individuales. Añade a los recipientes el jugo que han soltado los cítricos y las hojas de menta picadas, y mezcla.

Bate el yogur enérgicamente para que quede bien cremoso y repártelo en las copas.

Espolvorea las copas de fruta y yogur con la ralladura de naranja y riega el conjunto con un hilo de miel. Decora con una ramita de menta fresca.

Truco: Para ocasiones especiales, sustituye el yogur por unos hilos de chocolate negro derretido, que añadirás justo en el momento de llevar a la mesa.

Te ayuda

Es perfecta para el invierno por la función protectora que ejercen los cítricos contra los resfriados. También te aporta magnesio, que juega un papel fundamental en la prevención de la osteoporosis.

Postre

Peras al sirope de lima

INGREDIENTES

- 4 peras grandes u 8 pequeñas
- 1 y 1/2 lima
- 4 cucharadas de miel

Tiempo: 30 min + reposo **Raciones:** 4 **Calorías:** 155

Lava muy bien las limas y sécalas. Ralla la cáscara de una de ellas, sin la piel blanca que resulta amarga, y exprímela. Filtra el zumo obtenido y resérvalo, con la media lima restante.

Pela las peras dejando el rabito. Pon al fuego un cazo con suficiente agua para cubrir bien la fruta; añade el zumo de lima reservado y la miel. Cuando la mezcla rompa a hervir, introduce las peras y déjalas cocer a fuego lento durante 20 minutos, aproximadamente.

Cuando las peras estén cocidas, retira el cazo del fuego y déjalas enfriar en el líquido de cocción.

Saca la fruta del cazo con cuidado para no romperla y resérvala. Pon de nuevo al fuego el líquido de cocción de la fruta y deja que reduzca, a fuego fuerte, hasta que adquiera una consistencia más espesa, de almíbar.

Corta la media lima reservada en rodajas muy finas. Reparte las peras en 4 platos de postre, riégalas con un poco del almíbar, decóralas con las rodajitas de lima y sírvelas.

Te ayuda

Al cocerlas, tanto las peras como la lima pierden vitaminas, pero mantienen la fibra y otros compuestos fitoquímicos, así que conservan sus propiedades cardiosaludables.

Recetas para todo el año

Hay alimentos que forman parte de la cesta básica de la compra y son la base de muchas recetas que luego enriquecerás con las variedades propias de temporada. Además son imprescindibles dentro de una dieta equilibrada

PLÁTANO

Cuando está maduro los azúcares simples que aporta se convierten rápidamente en energía, por lo que resulta un buen tentempié para ayudar a reponer fuerzas y por muchas menos calorías de lo que se cree: más o menos las mismas que una manzana.

GERMINADOS

El proceso de germinado multiplica el contenido en nutrientes de estos pequeños brotes y además transforma el almidón en azúcares más simples, lo que facilita su digestión. Son ligeros, refrescantes, poseen una gran diversidad de sabores y son fáciles de preparar, ya que se comen tal cual.

HUEVO

Fue "señalado" durante décadas y acusado de elevar los niveles de colesterol, pero se ha comprobado que no es así y que, en realidad, la fosfatidilcolina de la yema incluso contribuye a reducir su absorción.

PESCADO BLANCO Y AZUL

Lo que realmente lo diferencia de otros alimentos son sus grasas poliinsaturadas omega 3 (DHA y EPA), de efecto cardiosaludable y más numerosas en los pescados más grasos, los llamados azules, como el salmón. En cuanto a los blancos, uno de los más consumidos en Europa es el bacalao.

LEGUMBRES

Destaca su extraordinario aporte de energía y nutrientes, y sus escasas grasas. Su consumo habitual contribuye a prevenir enfermedades cardiovasculares y también algunos tipos de cáncer.

CEREALES

El arroz, el pan o la pasta son la principal fuente de hidratos de carbono complejos (y por tanto, de energía) de la dieta. Además, apenas contienen grasas y son de fácil digestión. Mejor en su "versión" integral, por la fibra.

FRUTAS Y FRUTOS SECOS

Son una extraordinaria fuente de energía concentrada, así que son bastante calóricos, pero también muy nutritivos y saciantes. En el caso de los frutos secos, tómalos al natural, ya que el calor del tostado reduce a la mitad algunas de sus vitaminas y si son salados, el sodio "anula" sus beneficios.

YOGUR

Tomarlo cada día ayuda a regular el tránsito intestinal, y también aumenta las defensas y la salud de los huesos, ya que aporta el mismo calcio que la leche pero más fácil de digerir.

ESPECIAS Y AROMÁTICAS

Se emplean en cantidades muy pequeñas, así que no destacan por ningún nutriente, pero sí por sus propiedades: mejoran la digestión al aumentar la secreción de jugos gástricos, y son carminativas (evitan la formación de gases). Por otro lado, condimentar con ellas permite prescindir o disminuir la sal, lo que resulta muy beneficioso.

CARNES BLANCAS Y ROJAS

Son una excelente fuente de proteínas y también de algunas vitaminas (principalmente del grupo B) y minerales, especialmente hierro. El inconveniente es que aportan grasas y colesterol, sobre todo las carnes rojas. Las más ligeras son las aves, como el pollo y el pavo, y el conejo.

PATATA

La creencia de que engorda hizo disminuir su consumo. La realidad es bien distinta: aporta pocas calorías y la pirámide de la alimentación saludable la sitúa entre los alimentos básicos de la dieta, junto a los cereales.

AJO Y CEBOLLA

Son de la misma familia, por lo que comparten la mayoría de sus propiedades nutricionales y medicinales, que son muchas. Por ejemplo, se ha demostrado que ayudan a prevenir la arteriosclerosis (endurecimiento y estrechamiento de las arterias) y a disminuir los triglicéridos de la sangre. Además, son conocidos por su acción antioxidante, antibiótica y expectorante.

Primer plato

Paella integral de verduras

INGREDIENTES

- 300 g de arroz integral
- 1 litro de caldo de verduras
- 1 cebolla pequeña
- 2 alcachofas
- 1/2 pimiento verde
- 1/2 pimiento rojo
- 200 g de judías verdes
- 150 g de calabaza pelada
- Unas hebras de azafrán
- 2 cucharadas de aceite de oliva
- Perejil, pimentón dulce
- Sal y pimienta

Tiempo: 55 min **Raciones:** 4 **Calorías:** 360

Retira las hojas exteriores y las puntas de las alcachofas. Corta los corazones en cuartos y rehógalos en el aceite de oliva junto con las judías verdes troceadas y la calabaza cortada en dados. Retira y reserva.

Rehoga la cebolla unos minutos y añade los pimientos en daditos. Cuando comiencen a dorarse, incorpora el arroz, añade una pizca de pimentón dulce y unas hebras de azafrán.

Vierte el caldo caliente y salpimienta. A mitad de la cocción, añade las verduras reservadas. Cuece hasta que el arroz absorba todo el líquido y sirve.

Truco: El arroz integral debe cocerse en cuatro veces su volumen de agua y también necesita más tiempo de cocción que otras variedades.

Te ayuda

El arroz integral aporta más fibra que el blanco, por eso posee un mayor efecto saciante. También es muy rico en potasio, que evita la retención de líquidos y contribuye a regular la tensión.

Primer plato

Espaguetis con salsa de tomate

INGREDIENTES

- 350 g de espaguetis
- 3 tomates grandes maduros
- 1 cebolla
- 2 dientes de ajo
- 3 cucharadas de aceite de oliva
- Sal
- Pimienta

Tiempo: 20 min **Raciones:** 4 **Calorías:** 400

Lleva abundante agua con sal a ebullición y vierte los espaguetis. Cuece hasta que estén al dente, escurre y reserva.

Lava los tomates, pélalos y córtalos en dados pequeños. Pela y pica los dientes de ajo.

Calienta el aceite de oliva en una sartén grande, añade la cebolla y cuando esté bien dorada, el tomate y el ajo picado. Luego, sazona con sal para que el tomate pierda el agua que contiene.

Mezcla los espaguetis con el sofrito de tomate, salpimienta y sirve.

Truco: Recuerda añadir el tomate cuando la cebolla esté bien dorada y no antes. Y si utilizas tomate de bote para preparar el sofrito, debes saber que las conservas industriales suelen contener ácido cítrico, que no se elimina con la cocción y que deja un ligero sabor ácido. Si quieres eliminarlo, añade un poco de azúcar al sofrito al final de la cocción.

Te ayuda

El tomate, si se prepara sofrito con cebolla en aceite de oliva, aun es más saludable, ya que el organismo absorbe mejor el licopeno si se ha cocinado y por tanto aumentan sus propiedades protectoras de la salud.

Primer plato

Estofado ligero de patata

INGREDIENTES

- 700 g de patatas
- 2 dientes de ajo
- 1 cebolla
- 1 pimiento verde
- 2 cucharadas de aceite de oliva
- 1 cucharadita de pimentón
- Perejil
- Sal
- Pimienta

Tiempo: 35 min **Raciones:** 4 **Calorías:** 162

Pela las patatas, lávalas y trocéalas (si son nuevas las puedes cocer enteras y con piel). Pela también la cebolla y córtala en dados. Lava el pimiento y córtalo en cuadraditos. Lava y seca el perejil, reserva unas hojas para la decoración y pica el resto.

Calienta el aceite en una cazuela. Añade la cebolla, los dientes de ajo sin pelar y el pimiento, y rehoga todo durante 5 minutos.

Incorpora las patatas, salpimienta y cubre con agua. Tapa y deja cocer durante 20 minutos. Espolvorea el conjunto con el pimentón y con el perejil, y prosigue la cocción 5 minutos. Sirve el plato caliente, decorado con las hojitas de perejil reservadas.

Truco: Puedes incorporar unos trozos de pescado –merluza o pescadilla– sin espinas, los últimos 5 minutos de cocción. En ese caso, sírvelo como plato único.

Te ayuda

Este estofado es un buen ejemplo de cómo obtener una dosis extra de energía, procedente del almidón de las patatas, sin tener que sumar apenas calorías y, por tanto, ayudándote a controlar el peso.

Primer plato

Huevos al nido gratinados

INGREDIENTES

- 4 panecillos redondos
- 4 huevo
- 100 g de jamón de York
- 4 cucharadas de salsa de tomate
- 4 hojas de albahaca (opcional)
- 200 g de espinacas o cualquier otra verdura de hoja de temporada
- 1 diente de ajo
- 2 cucharadas de aceite de oliva
- Sal y pimienta

Tiempo: 30 min **Raciones:** 4 **Calorías:** 325

Cuece las espinacas en agua hirviendo con sal unos 6-7 minutos. Escúrrelas bien para eliminar el exceso de agua.

Pela y pica el ajo; dóralo en una sartén con el aceite. Añade las espinacas, sofríelas un par de minutos y resérvalas. Corta el jamón en tiras finas y reserva.

Corta los panecillos por la parte de arriba. Retira un poco de la miga del interior y rellena cada uno con una cucharada de salsa de tomate, una hoja de albahaca, espinacas, jamón y un huevo. Salpimienta y cuece en el horno, precalentado a 200 °C, durante 6-7 minutos. Sirve.

Truco: Sustituye las espinacas por acelgas, el jamón de York por salmón... Es lo que tienen los huevos, que admiten mil y una combinaciones.

Te ayuda

Los huevos y las espinacas contribuyen a controlar la presión arterial. Eso sí, para no "anular" este efecto beneficioso, limita la sal que añades. Ten en cuenta que con la que aporta el jamón York es suficiente.

Primer plato

Ajoblanco tradicional

INGREDIENTES

- 200 g de almendras crudas
- 2 dientes de ajo
- 100 g de hogaza del día anterior
- 1 dl de aceite de oliva suave
- 2 cucharadas de vinagre blanco
- 1/2 litro de agua mineral
- Sal

Tiempo: 35 min **Raciones:** 4 **Calorías:** 575

Retira la corteza del pan y córtalo en trocitos, añádele 4 cucharadas de agua para que se reblandezca. Cuece las almendras en agua hirviendo 3 minutos. Pela y corta los ajos en dos a lo largo, retira el germen si lo hubiese y córtalos en trocitos.

Escurre las almendras y ponlas en un recipiente junto con los ajos, sazona con una pizca de sal y tritura hasta obtener una pasta. Incorpora la miga de pan remojada.

Tritura de nuevo añadiendo el aceite poco a poco y bate hasta que el aceite quede completamente incorporado. Vierte el vinagre y el agua mineral bien fría y tritura de nuevo. Reparte en cuatro boles individuales y deja enfriar en la nevera hasta el momento de servir.

Truco: Acompaña el ajoblanco con uvas peladas o con almendras fileteadas y tostadas, y decora la superficie de la crema con unas gotas de aceite de oliva suave.

Te ayuda

Esta sopa es cardiosaludable al cien por cien: contiene ajo, con propiedades hipotensoras, y las grasas de las almendras y el aceite de oliva ayudan a aumentar el colesterol bueno.

Primer plato

Arroz integral con champiñones

INGREDIENTES

- 400 g de arroz integral de Calasparra
- 1 litro de caldo o agua
- 450 g de champiñones
- 75 g de tomatitos cherry
- 150 g de judías negras cocidas
- 2 dientes de ajo
- 1 cucharada de perejil picado
- 1 cucharadita de cúrcuma
- 1 hoja de laurel
- Aceite de oliva, pimienta blanca y sal

Tiempo: 40 min **Raciones:** 4 **Calorías:** 500

Pon a cocer a fuego fuerte el arroz, tapado, con el caldo, el laurel, la cúrcuma y sal. Cuando rompa a hervir baja la llama y deja cocer hasta que el arroz haya absorbido todo el agua y el grano esté al punto. Retira y deja reposar, tapado, 10 minutos.

Sofríe los champiñones troceados con los ajos cortados en láminas.

Añade los tomates y el perejil picado, y deja unos minutos más al fuego.

Saltea los frijoles, mézclalos con el arroz y sirve con los champiñones por encima.

Truco: Controla el arroz durante la cocción por si fuese necesario añadir un poco más de agua o caldo (recuerda que debe agregarse caliente para que no se pare la cocción).

Te ayuda

Esta receta aporta una buena cantidad de proteínas completas gracias a la combinación de cereales (arroz integral) con legumbres y setas. Además, te ayuda a evitar el estreñimiento.

Primer plato

Crema de lentejas

INGREDIENTES

- 300 g de lentejas cocidas
- 2 tomates
- Aceite de oliva
- 1/2 puerro
- 2 dientes de ajo
- 3 zanahorias
- 2 cebolletas
- 1/2 vaso de vino blanco
- 1 hojita de laurel, tomillo
- 1 litro de caldo de verduras
- 3 rebanadas de pan integral de semillas
- Sal y pimienta

Tiempo: 45 min **Raciones:** 4 **Calorías:** 210

Pica la cebolleta, el puerro, el ajo y dos zanahorias. Rehoga lentamente en un poco de aceite. Pasados 10 minutos, incorpora los tomates troceados y cuece 5 minutos más. Agrega las lentejas y deja unos minutos más. Vierte el vino blanco y remueve.

Vierte el caldo, salpimienta y agrega el laurel y una ramita de tomillo. Cuece unos instantes y tritura. Vuelve a poner 5 minutos a fuego lento semitapado.

Cuela la crema y sírvela con unos daditos de pan y unas tiritas de zanahoria.

Truco: Estas lentejas también se pueden llevar a la mesa sin triturar. En ese caso, te proponemos preparar la receta con lentejas verdinas, de tamaño más pequeño y cocción más rápida que otras variedades.

Te ayuda

Esta receta de legumbres es una alternativa mucho más ligera, pero igualmente saciante, a los guisos con carne o embutido. Precisamente por eso te ayuda a controlar el peso y a cuidar tu corazón.

Primer plato

Aguacates rellenos

INGREDIENTES

- 2 aguacates grandes y maduros pero firmes
- 25 g de berros
- 25 g de canónigos
- 25 g de escarola
- El zumo de 1/2 limón

Para la vinagreta:

- 1 diente de ajo picado
- 50 ml de aceite de oliva virgen extra
- 2 cucharadas de vinagre de vino tinto
- 1 cucharadita de mostaza de Dijon
- 1 cucharada sopera de miel de mil flores
- 1 cucharada sopera de granos de pimienta rosa
- Sal

Tiempo: 15 min **Raciones:** 4 **Calorías:** 338

Prepara la vinagreta batiendo enérgicamente el vinagre, la miel y la mostaza. Incorpora el aceite de oliva y los granos de pimienta rosa, y vuelve a batir hasta que emulsione.

Lava las hojas de escarola, berros y canónigos y sécalas muy bien.

Parte por la mitad longitudinalmente los aguacates, quítales el hueso y rocíalos con el zumo de limón para que no se ennegrezcan.

Rellena los cuencos de los aguacates con los berros, los canónigos y la escarola. En el momento de servir, riégalos con la vinagreta.

Te ayuda

Esta receta aporta numerosas vitaminas, entre las que destaca la E, y también ácidos grasos monoinsaturados, ambos nutrientes muy beneficiosos para la salud de tu corazón.

Segundo plato

Carpaccio de emperador

INGREDIENTES

- 400 g de lomo de emperador en un trozo
- 3 pimientos rojos
- 2 limones
- 1 ramita de eneldo
- Aceite de oliva
- Sal gruesa
- Sal y pimienta

Tiempo: 35 min **Raciones:** 4 **Calorías:** 327

Envuelve el emperador con film transparente, procurando que quede bien apretado y con forma redondeada. Introdúcelo en el congelador 20 minutos.

Asa los pimientos rojos en el horno a 240 °C durante 15 minutos; retira, tapa y deja reposar unos minutos. Retira la piel a los pimientos asados y córtalos en tiras gruesas. Condiméntalos con un poco de sal y aceite.

Retira el emperador del congelador y córtalo en lonchas muy finas. Si el lomo pierde firmeza mientras lo cortas, vuelve a dejarlo en el congelador algunos minutos más e inténtalo de nuevo.

Reparte el pescado en los platos, salpimienta y rocía con zumo de limón y un hilo de aceite. Acompaña con el pimiento y espolvorea con eneldo picado.

Truco: Como el emperador se consume crudo, es muy importante haber congelado previamente el pescado durante más de 24 horas, para evitar el riesgo de anisakis.

Te ayuda

Este pescado es uno de los más ricos en magnesio y también contiene vitamina D, elementos que cuidan la salud de huesos y dientes al asegurarse de que el calcio se aprovecha correctamente.

Segundo plato

Salmón con avellanas

INGREDIENTES

- 4 lomos de salmón
- 1 diente de ajo
- 80 g de avellanas tostadas
- 1 ramita de tomillo
- 1 cucharadita de pimienta rosa en grano
- 2 cucharadas de miel
- 200 g de judías verdes
- 2 cucharadas de aceite de oliva
- Sal

Tiempo: 25 min **Raciones:** 4 **Calorías:** 412

Pela el diente de ajo e introdúcelo en el vaso de la picadora. Agrega las avellanas sin la pielecita marrón que las recubre, los granos de pimienta rosa, unas hojitas de tomillo y una pizca de sal, y tritura.

Coloca los lomos de salmón en una fuente de horno, cubre cada uno con media cucharada de miel y reparte encima la picada de avellanas. Introduce en el horno, precalentado a 200 °C, y cuece 12-15 minutos.

Cuece las judías verdes en agua hirviendo con sal durante 5 minutos y escúrrelas. Coloca los lomos de salmón y las judías en los platos de servicio y decora con unas hojitas de tomillo. Sirve.

Truco: Las recetas más indicadas para los pescados suelen ser preparaciones sencillas, como esta, que respetan su textura y sabor. Puedes añadir a la picada de avellanas unas pasas, te encantará ese toque dulce.

Te ayuda

Esta sabrosa receta aporta proteínas y una buena cantidad de grasas saludables, procedentes tanto del pescado como de las avellanas, que te ayudan a proteger la salud cardiovascular.

segundo plato

Merluza a la vasca

INGREDIENTES

- 4 rodajas de merluza gruesas
- 300 g de almejas
- 8 espárragos blancos en conserva
- 1 copita de vino blanco
- 2 dientes de ajo
- 200 ml de caldo de pescado
- Harina
- Perejil
- Aceite de oliva
- Sal y pimienta

Tiempo: 35 min **Raciones:** 4 **Calorías:** 370

Salpimienta las rodajas de merluza. Pela los dos dientes de ajo y córtalos en láminas muy finas. Lava el perejil, sécalo y pícalo muy fino. Escurre los espárragos del líquido de conservación y córtalos en dos o tres trozos.

Dora las láminas de ajo en una cazuela con dos cucharadas de aceite. Añade una cucharada de harina, remueve con una cuchara de madera, y vierte el caldo de pescado y el vino blanco. Deja cocer durante 5 minutos, removiendo.

Incorpora las rodajas de merluza y cuece 5 minutos. Luego, añade las almejas, tapa y continúa la cocción 5 minutos más.

Espolvorea con el perejil picado, agrega los espárragos troceados y deja 2 minutos más al fuego. Rectifica de sal y pimienta. Sirve.

Te ayuda

Todos los ingredientes de esta receta son ligeros, pero muy nutritivos. La merluza y las almejas destacan por sus escasas grasas, lo que te aporta un doble beneficio: disminuye el colesterol y te ayuda a perder peso.

Segundo plato

Bacalao a la miel

INGREDIENTES

- 800 g de bacalao fresco
- 6 cucharadas de miel
- 3 cucharadas de vinagre blanco
- 3 cucharadas de vino blanco
- 1 cucharada de mostaza
- 4 cucharadas de aceite de oliva
- 1 ramita de perejil fresco
- 1 ramita de tomillo fresco
- Sal
- Pimienta blanca

Tiempo: 20 min **Raciones:** 4 **Calorías:** 285

Retira las escamas del bacalao y separa los filetes de la espina central con un cuchillo afilado. Retira las espinas que queden con unas pinzas y corta en cuatro porciones. Lava el perejil y el romero, sécalos bien y pícalos.

Dispón la miel, el vinagre, el vino blanco, el aceite de oliva, la mostaza, y el perejil y el tomillo picados en un cuenco. Sazona con sal y pimienta, y mezcla bien con ayuda de unas varillas hasta que la salsa emulsione.

Cuece el bacalao al vapor durante 5 minutos. Dispón el pescado en los platos de servicio y decora con la salsa de miel.

Truco: También puedes preparar esta misma receta con otros pescados blancos, como la merluza, el lenguado o el gallo.

Te ayuda

Este pescado aporta muy pocas grasas y calorías, y al ser fresco, a diferencia del bacalao en salazón, es rico en potasio y bajo en sodio, por lo que es adecuado también en caso de hipertensión.

segundo plato

Rape en salsa de albahaca

INGREDIENTES

- 1 cola de rape de 1 kg
- 3 ramitas de albahaca fresca
- 100 ml de aceite de oliva
- 40 g de queso parmesano
- 40 g de piñones
- 1 diente de ajo
- 100 g de arroz blanco
- 100 g de arroz salvaje
- Sal
- Pimienta

Tiempo: 40 min **Raciones:** 4 **Calorías:** 640

Limpia el rape retirando la piel y separa los dos filetes de la espina. Ata los filetes con hilo de cocina para que conserven la forma y salpimiéntalos.

Pica finamente dos ramitas de albahaca y haz rodar el rape sobre esta albahaca para "rebozarlo".

Pon a cocer el pescado en una cazuela con cuatro cucharadas de aceite durante 10 minutos, dándole la vuelta para que se haga por todos los lados sin que llegue a dorarse. Retira y deja enfriar.

Prepara la salsa: Tritura el ajo pelado con la albahaca restante, el parmesano, los piñones, el aceite y una pizca de sal hasta obtener una salsa homogénea.

Cuece los arroces por separado en agua hirviendo. Retira el hilo del rape, córtalo en rodajas gruesas y sírvelo tibio o frío con la salsa y los arroces.

Te ayuda

Los hidratos de carbono de absorción lenta, que aporta la guarnición de distintas variedades de arroz, ayudan a mantener estables los niveles de glucosa durante más tiempo.

Segundo plato

Hamburgesa de pollo

INGREDIENTES

- 500 g de carne picada de pollo
- 1 diente de ajo
- Verduras de temporada
- 40 ml de aceite de oliva
- Sal
- Pimienta

Tiempo: 30 min **Raciones:** 4 **Calorías:** 225

Lava las verduras y trocéalas de forma que queden todas del mismo tamaño. Pela y pica fino el ajo.

Mezcla bien la carne con el ajo, sal y pimienta. Divídela en cuatro porciones iguales, dándoles forma de hamburguesa.

Fríe las hamburguesas en una sartén grande con una cucharada de aceite durante 5 minutos por cada lado o hasta que estén bien hechas.

Calienta el resto del aceite en una sartén, añade las verduras, salpimienta y saltea durante 5 minutos, removiendo a menudo. Sirve las hamburguesas calientes, acompañadas de las verduras.

Truco: La hamburguesa puede ser un plato muy saludable si se eligen bien los ingredientes: pollo en este caso, pero también tofu, pescado o la clásica de ternera (siempre que sea una parte magra). Lo que marca también la diferencia es el acompañamiento: las socorridas patatas fritas deben sustituirse por verduras, arroz o legumbres.

Te ayuda

Estas hamburguesas caseras apenas contienen grasas, a diferencia de las que venden preparadas. Además, las verduras no suman casi calorías, así que el resultado es un segundo plato ligero como pocos.

Segundo plato

Conejo al horno con romero

INGREDIENTES

- 1 conejo cortado en 8 trozos
- 1 limón
- 2 ramitas de romero
- 2 ramitas de tomillo
- 2 cucharadas de mostaza al estragón
- 12 patatitas nuevas pequeñas
- 3 cucharadas de aceite de oliva
- Sal
- Pimienta

Tiempo: 35 min **Raciones:** 4 **Calorías:** 210

Unta los trozos de conejo con la mostaza y colócalos unos al lado de otros en una fuente de horno. Salpimiéntalos, mójalos con el zumo del limón y espolvorea por encima con las hojas de romero y tomillo lavadas y bien secas.

Introduce en el horno, precalentado a 200 °C, durante 30 minutos.

Lava bien las patatas. Cuécelas con piel en una cazuela con agua salada 5 minutos. Escúrrelas y córtalas en rodajas gruesas. Pásalas a una fuente refractaria, salpimiéntalas y rocíalas con un poco de aceite. Ásalas hasta que estén doraditas.

Retira el conejo y las patatas del horno. Reparte en los platos de servir, riega el conjunto con el fondo de cocción del conejo y sirve enseguida, bien caliente, decorado con unas hojitas de tomillo.

Te ayuda

Las hierbas aromáticas realzan el sabor y aroma del plato, y mejoran su digestión, sin necesidad de añadir apenas sal ni tampoco grasas. Las patatas garantizan un extra de energía, pero sin restar ligereza a la receta.

Segundo plato

Rollitos de carpaccio

INGREDIENTES

- 300 g de solomillo de ternera en una pieza
- 100 g de rúcula
- 1/2 limón
- 50 g de germinados
- 50 g de queso parmesano
- Semillas de sésamo
- 2 cucharadas de salsa de soja
- 4 cucharadas de aceite de oliva
- Sal y pimienta

Tiempo: 25 min + congelación
Raciones: 4 **Calorías:** 288

Retira la grasa del solomillo de ternera, sazona con sal y pimienta, envuelve con film transparente, presionando bien, y reserva en el congelador durante 2 horas.

Retira el film y corta el solomillo en rodajas finas con una cortadora de fiambres o un cuchillo bien afilado.

Prepara la vinagreta: mezcla el zumo del limón con el aceite de oliva, la salsa de soja y una cucharadita de semillas de sésamo.

Mezcla la rúcula con los germinados. Incorpora el parmesano rallado y aliña con la vinagreta.

Reparte la mezcla sobre los carpaccios y enrolla. Sirve los rollitos de carpaccio aliñados con la vinagreta y decorados con germinados.

Te ayuda

Las verduras de hoja verde, como la rúcula, y los germinados son fuente de vitamina K, imprescindible para tener unos huesos fuertes porque "no solo de calcio vive el hueso".

Postre

Manzanas al horno

INGREDIENTES

- 4 manzanas golden
- 30 g de nueces
- 30 g de avellanas
- 5 cucharadas de ciruelas secas
- 2 cucharadas de azúcar
- 1 cucharadita de canela
- Menta fresca

Tiempo: 40 min **Raciones:** 4 **Calorías:** 260

Lava bien las manzanas bajo el grifo y corta la parte superior. Vacíalas, procurando dejar el hueco central bastante ancho para poder rellenarlas.

Corta los frutos secos en trozos gruesos y disponlos en un cuenco. Mézclalos con las ciruelas secas troceadas.

Rellena las manzanas con los frutos secos y colócalas en cuatro cuadrados de papel de aluminio. Cierra los paquetitos como para papillote.

Coloca las manzanas en una fuente y ásalas en el horno, precalentado a 180 °C, durante 15 minutos.

Retira las manzanas del horno y espolvoréalas con el azúcar. Gratina durante 5-10 minutos con el papel abierto. Sírvelas calientes espolvoreadas con la canela y decoradas con unas hojas de menta fresca.

Truco: El tiempo de horneado dependerá del tamaño de las manzanas y su grado de madurez.

Te ayuda

Las virtudes curativas de la manzana son muchas: contribuye a disminuir el colesterol, es depurativa y ha demostrado también su capacidad para reducir la inflamación en casos de artritis.

Postre

Batido de plátano

INGREDIENTES

- 2 plátanos maduros
- 1 yogur natural
- 350 ml de leche desnatada
- 3 cucharadas de azúcar moreno
- 4 bolas de helado de vainilla
- 4 cucharadas de moras (opcional)
- Unas hojitas de menta

Tiempo: 10 min **Raciones:** 4 **Calorías:** 205

Pela los plátanos, trocéalos e introdúcelos en el vaso de la batidora. Añade las tres cucharadas de azúcar moreno, la leche desnatada y el yogur, y bate todos los ingredientes hasta obtener una preparación cremosa.

Reserva el batido en la nevera durante 30 minutos para que se enfríe. Mientras, lava las hojitas de menta y sécalas bien.

Reparte el batido de plátano en cuatro copas o vasos y añade una bola de helado de vainilla en cada una de ellas. Decora con unas moras y unas hojitas de menta fresca. Sirve enseguida.

Truco: En lugar de plátano, puedes prepararlo con cualquier otra fruta de temporada. Eso sí, las piezas deben estar en su punto óptimo de maduración; nada de emplear fruta demasiado madura para "aprovecharla" (recuerda que de la calidad de la materia prima dependerá la calidad del batido: sabor, contenido nutritivo...).

Te ayuda

El plátano es fuente de fructooligosacáridos, un tipo de fibra vegetal que cuida la flora intestinal y ayuda a prevenir el estreñimiento. Además, su sabor dulce te permite prescindir del azúcar y lograr un postre más ligero.

Postre

Magdalenas de muesli

INGREDIENTES

- 150 g de harina de fuerza
- 80 g de harina integral
- 4 cucharadas de miel
- 250 g de yogur natural
- 2 huevos
- 100 g de mantequilla
- 60 g de copos de avena tostados
- 50 g de copos de maíz tostados
- 40 g de pasas sultanas
- 40 g de piñones
- 40 g de nueces picadas

Tiempo: 35 min **Unidades:** 12
Calorías: 250 por magdalena

Tamiza las harinas en un bol amplio y haz un hoyo en el centro. Derrite a fuego lento la mantequilla y la miel. Bate el yogur con los huevos y vierte en el agujero junto con la mantequilla derretida. Mezcla bien todos lo ingredientes hasta lograr una masa homogénea.

Rellena con esta mezcla los moldes para magdalena hasta tres cuartas partes de su capacidad.

Mezcla los copos de avena y de maíz, los piñones, las nueces picadas y las pasas. Reparte un poco de esta mezcla en cada molde sobre la pasta de las magdalenas.

Introduce en el horno precalentado a 180 °C unos 15 minutos. Retira y deja enfriar sobre una rejilla.

Te ayuda

Es una opción para comer dulces sanos: se consigue empleando harinas integrales y miel en lugar de azúcar. Y los frutos secos aportan grasas saludables en lugar de las saturadas que contienen los dulces industriales.

Postre

Bombones de fruta

INGREDIENTES

- 100 g de fresas
- 100 g de cerezas
- 1 plátano
- 1 naranja
- 1 kiwi
- 200 g de chocolate negro
- Hojas de menta

Tiempo: 10 min **Raciones:** 4 **Calorías:** 326

Lava las fresas y las cerezas, sécalas bien y resérvalas enteras. Pela la naranja, el plátano y el kiwi. Corta estas tres frutas en trocitos que puedan comerse de un bocado.

Dispón el chocolate en un cazo y fúndelo al baño María a fuego muy suave. Déjalo enfriar ligeramente removiendo con cuidado.

Moja los trozos de fruta en el chocolate hasta la mitad y disponlos sobre una bandeja con papel de hornear para que no se peguen y se puedan separar fácilmente del papel. Deja enfriar en la nevera hasta que el chocolate solidifique.

Reparte los bombones en los platos alternando las frutas y sirve decorados con hojas de menta fresca.

Truco: Una receta fácil de preparar, muy saludable e irresistible, ideal para sorprender a los invitados. Te proponemos servir estos bombones en la sobremesa acompañando el café o una infusion.

Te ayuda

Es un postre algo calórico, pero muy saludable. Fruta y chocolate negro son una combinación campeona en antioxidantes y contribuyen a disminuir los niveles de colesterol LDL (el malo).

Hábitos para ganar salud

Dedicar algo más de tiempo a hacer la compra o comer siempre a la misma hora son pequeños cambios que te ayudarán a sacar más partido a lo que comes

Podemos escoger bien los alimentos, cocinarlos con las técnicas más ligeras y saludables, pero si a la hora de sentarnos a la mesa no nos separamos del salero, comemos en 5 minutos o cada día a una hora distinta todo lo anterior habrá servido de bien poco.

¿COMES EN MENOS DE 40 MINUTOS?

Hace unos años la hora de comer era "sagrada": todos los miembros de la familia se reunían alrededor de la mesa y se reservaba un tiempo para descansar tras la comida. Hoy cada uno llega a una hora distinta, nos sentamos a la mesa siempre con prisas y relajarse unos minutos tras la comida es un sueño dorado para muchos. Comer despacio es una asignatura pendiente, debido al ritmo de vida actual: incluso hay quien al mediodía, en plena jornada laboral, come de pie o delante del ordenador porque le parece que "pierde el tiempo" si decide tomarse un descanso para la comida. Sin embargo, si quieres cuidar tu alimentación, recuerda que debes dedicar un mínimo de 30-40 minutos a las comidas principales y comer sentada, despacio y masticando bien para favorecer una buena digestión.

¿USAS EL ACEITE DE OLIVA PARA COCINAR Y ALIÑAR TUS PLATOS?

La dieta mediterránea no sería la misma sin él, pero como cada vez nos alejamos más de esta, nos hemos "aficionado" a otras grasas bastante menos saludables que nuestro aceite de oliva, pero igualmente calóricas, como son la mantequilla o la margarina.
Sin embargo, no deberíamos cambiarlo por nada, ya que encabeza las listas de los alimentos más sanos: los ácidos grasos monoinsaturados y las sustancias antioxidantes (vitamina E y polifenoles) que contiene contribuyen a aumentar el colesterol bueno, a frenar el envejecimiento, y también podrían tener un papel protector frente a algunos tipos de cáncer, como el de colon o mama. Solo sus abundantes calorías obligan a ser moderados con su consumo.

¿COMPRAS UNA VEZ A LA SEMANA?

Comprar cada semana te permite incluir en tus menús productos frescos. Las encuestas revelan que cada vez dedicamos menos

Duerme bien y comerás mejor

Puede que te preguntes qué tiene que ver el sueño con la dieta. Pues mucho: cuando dormimos, el cuerpo recupera la energía, las células se renuevan y la melatonina, una hormona que favorece el sueño, ayuda a eliminar las células dañadas. Además, si duermes poco comerás peor, según un estudio de la Universidad de California (EE. UU.). Ciertas regiones del cerebro (las que controlan el comportamiento y la toma de decisiones, entre ellas seleccionar la comida) funcionan peor cuando no dormimos bien, así que escogemos alimentos menos sanos y más grasos.

tiempo a la compra —la mayoría reconoce que solo 5 o 10 minutos—, lo que influye negativamente en nuestra dieta. Si para ahorrar tiempo llenas la despensa una vez al mes con precocinados y envasados, tus menús incluirán platos con pocos nutrientes y demasiadas grasas, así que tu salud saldrá perdiendo.

Para evitarlo, reserva un poco más de tiempo para hacer una buena compra. No te llevará más de 15 o 20 minutos si la planificas antes: elabora unos menús semanales con los platos que te proponemos en estas páginas y haz la compra en base a ellos.

¿COMES CADA DÍA A LA MISMA HORA?

Está demostrado que los intervalos largos entre comidas van en contra de la salud, ya que favorecen el aumento de peso y son la causa de "bajones". Saltarse el desayuno o la cena no es una buena idea, ni siquiera cuando se quiere perder peso (en ese caso, se ha demostrado que se consigue justo el efecto contrario, ya que el cuerpo "ahorra" y acumula más).

Por otro lado, nuestro organismo sigue un ritmo determinado a la hora de realizar sus "tareas", así que al seguir unos horarios de comidas ayudas a que cumpla con sus funciones de manera más eficaz.

Toma nota

El orden en que compras. Es más importante de lo que parece a primera vista. Empieza por los productos no perecederos (legumbres, pastas, arroz, leche...), que además suelen ser más pesados y deberás colocar en el fondo de la cesta o carro. Luego, toca comprar los alimentos frescos (frutas, hortalizas...) y, por último, los congelados. Recuerda que en estos últimos es básico no romper la cadena de frío. Para ello, una buena opción es transportarlos en bolsas isotérmicas hasta llegar a casa.

Manipulación y preparación de alimentos

Un simple gesto puede marcar la diferencia entre un alimento en buen estado y otro contaminado y ser la causa de enfermedades, en ocasiones, graves

Para comer bien, disfrutar de la buena mesa y cuidar la salud no solo es importante saber elegir los alimentos que van a formar parte de nuestra dieta, además es esencial seguir unas normas básicas de higiene durante su manipulación y preparación. Se trata de prevenir intoxicaciones o infecciones alimentarias, que son mucho más frecuentes de lo que sería deseable y que, en la mayoría de casos, se podrían haber evitado fácilmente.
Más de la mitad de las infecciones alimentarias (provocadas por los alimentos en mal estado) se producen en el hogar. La época de mayor riesgo es el verano porque el calor favorece la reproducción de las bacterias, entre ellas las de la familia de la Salmonella, responsables de la mayoría de infecciones alimentarias, y que cada año se cuentan por miles de casos.

CÓMO EVITARLAS

Lo primero que debes hacer es comprar los alimentos en establecimientos autorizados, etiquetados y acostúmbrate a comprobar siempre la fecha de caducidad.
Una vez en casa, sigue las recomendaciones de conservación, que indica el fabricante en el envase, y extrema las precauciones con los alimentos crudos porque presentan más riesgos que los cocinados (las temperaturas elevadas destruyen la mayoría de las bacterias).

LO PRIMERO, LAVARSE LAS MANOS

Es imprescindible lavarse bien las manos cuando manipulamos alimentos, tanto crudos como cocinados. Si no lo hacemos, es muy fácil que a través de ellas las bacterias pasen de un alimento a otro. Es lo que se conoce como contaminación cruzada y sucede o porque la comida cruda ha "contaminado" a la cocinada, porque la persona no ha seguido unas normas de higiene básicas como lavarse las manos o porque los utensilios que hemos utilizado durante la preparacion estaban "contaminados".

UTENSILIOS IMPECABLES

Los cubiertos o utensilios que se utilizan para cortar, picar, rallar... deben lavarse según se vayan utilizando. Lo mismo vale para las tablas o superficies de trabajo; no cambiarlas o limpiarlas con cada alimento supone asumir un riesgo, ya que en las hendiduras que dejan

Descongelar tiene truco

No cabe duda que tan importante como la congelación es la descongelación. Para que el alimento pierda menos nutrientes se debe descongelar correctamente. En el caso de las verduras lo habitual es cocerlas sin descongelar. Todo lo contrario que la carne y el pescado, que se deben descongelar lentamente y lo más conveniente es hacerlo en la nevera. En uno y otro caso, mantenlos en el frigorífico hasta el momento de cocinarlos.
Por último, recuerda que el microondas solo debe utilizarse para descongelar en el caso de que el alimento se vaya a cocinar inmediatamente.

los cortes de los cuchillos en esas superficies se pueden "esconder" bacterias y otras sustancias perjudiciales para tu salud.

CARNES Y PESCADOS, EN LA NEVERA

Carnes y pescados no deben permanecer más de dos horas a temperatura ambiente, tampoco si están cocinados (tenemos la costumbre de dejarlos enfriar antes de guardarlos en la nevera mucho más tiempo del que sería recomendable). Hay que reservarlos en el frigorífico tapados y separar los alimentos crudos de los cocinados (para evitar una contaminación cruzada).

VERDURAS Y FRUTAS, BIEN FRESCAS

Los vegetales después de recolectados son productos muy perecederos que con el paso de los días se van deteriorando, y también van perdiendo nutrientes. Por este motivo, lo mejor es adquirirlos con poca antelación.
Lávalos bien, justo cuando vayas a prepararlos y no antes. También puedes dejarlos en remojo si es necesario, pero no más de 10 minutos, ya que esta práctica les "resta" vitaminas y minerales. Por otro lado, si el plato lo permite, trocéalas en porciones más grandes y cocínalas sin pelar para conservar el máximo de nutrientes.

Toma nota

Congelar verduras en casa. Lávalas, trocéalas y escáldalas (sumerge durante 2 minutos en agua hirviendo). Escúrrelas bien y ponlas en el envase. Por último, etiqueta indicando la fecha de congelación y el tiempo de conservación. Las verduras más idoneas para congelar son: espinacas, alcachofas, guisantes, coliflor, zanahorias y judías verdes. En cambio, el tomate, los pepinos o los pimientos no admiten bien la congelación. Tampoco la "soportan" bien la mayoría de frutas.

Técnicas de cocción

La forma de cocinar también cuenta, sobre todo cuando hablamos de salud: vapor, salteado o papillote son algunas de las técnicas más sanas y ligeras

La preparación de una receta empieza en el momento mismo de la compra cuando decides los ingredientes que incluirá. Luego, la técnica de cocción hará el resto: añadirá o restará sabor, nutrientes, calorías, propiedades...

Los resultados cuando no se domina la técnica o se cocina con un método de cocción que no es el adecuado pueden no ser los esperados: alimentos resecos o, al contrario, aceitosos o demasiado hechos. Y eso, además de restar sabor, también significa preparaciones con excesivas grasas o con menos nutrientes. Por ejemplo, en el caso de los vegetales, si se cocinan mucho tiempo se pueden perder más del 50% de las vitaminas y minerales.

¿QUÉ MÉTODO ES MEJOR?

Depende. No es lo mismo hervir que cocer al vapor. En el primer caso los alimentos se sumergen en el líquido de cocción mientras que en el segundo, se colocan encima del líquido. Para saber cuál es la técnica más apropiada en cada ocasión debes tener en cuenta los ingredientes o el resultado que quieres conseguir. Por ejemplo, en la plancha se suelen cocinar porciones no muy gruesas de un alimento (carne, pescado, verduras...), en cambio en el horno se pueden cocinar las piezas enteras.

- **Cocer al vapor.** Los alimentos se colocan en una cesta o rejilla, de forma que quedan justo encima del líquido, y se tapa el recipiente. Así los cuece el vapor que desprende el agua al hervir. Este método logra conservar mejor el sabor y los nutrientes de los alimentos (minerales y vitaminas) en comparación con otras técnicas culinarias similares, como el hervido.
- **Hervir.** El alimento se sumerge en agua o en caldo y se escurre cuando está en su punto. Si utilizas la olla a presión el tiempo de cocción es menor, por lo que se pierden menos vitaminas y minerales.
- **Plancha.** Cuando pensamos en platos ligeros y saludables, es una de las primeras técnicas que nos viene a la cabeza. Las piezas poco gruesas, como filetes de carne o de ave y de pescado, se deben cocinar rápidamente para evitar la pérdida de agua y nutrientes, mientras que solomillos, chuletones o rodajas de pescado se cocinan a fuego moderado para que se hagan por dentro sin quemarse por fuera. En cualquier caso, no hay que pasarse con la cocción, ya que se pierde sabor y contenido nutritivo.
- **Horno.** Es una de las técnicas que requiere menos grasas y también tiene la ventaja de que los tiempos y las temperaturas de cocción en el horno son más fáciles de controlar que en los fogones.
- **Papillote.** Se envuelve la pieza en papel de horno cerrando bien el envoltorio, de forma que el alimento

Toma nota

También en crudo. La mayoría de verduras y hortalizas ofrecen la doble ventaja de poderse comer crudas o cocinadas, aunque crudas es como se aprovechan más sus propiedades, ya que una parte de las vitaminas hidrosolubles (la C y las del grupo B) y algunos minerales se pueden perder durante la cocción. También pueden tomarse crudos los germinados o los frutos secos.

se cuece en su propio jugo y conserva intactos casi todos los nutrientes, y también todo el sabor.

- **Saltear.** Es una de las técnicas más ligeras, ya que emplea muy poco aceite. Otras de sus ventajas es que los alimentos conservan todo su sabor y se preparan en muy poco tiempo: el salteado apenas dura unos 5-10 minutos.
- **Freír.** El alimento debe estar cubierto, todo o en parte, por aceite caliente, para lograr que se forme una costra o corteza dorada. La apariencia es muy atractiva, pero el resultado son preparaciones más calóricas y menos saludables, ya que la fritura hace que los alimentos absorban más grasas, y las altas temperaturas también pueden favorecer la aparición de sustancias que podrían resultar nocivas. Una vez frito, se trata de escurrir bien el alimento para evitar el exceso de aceite y que resulte más fácil de digerir.

Utensilios: prácticos y seguros

Cada utensilio de cocina cumple una función concreta. Parece obvio, pero debes decidir cuáles necesitas y cuáles no. Muchas veces a la hora de comprar utensilios de cocina nos dejamos influir por la publicidad o porque alguien nos ha explicado que "va de maravilla" y luego, muchos terminan olvidados en el fondo de un armario. Además de su utilidad, también es imprescindible fijarse en el material:

Acero inoxidable. Es de los más aconsejables porque es un material resistente y seguro. Además, los utensilios de acero inoxidable suelen tener una base gruesa, que logra que la comida no se pegue.

Porcelana o barro. Se utilizan sobre todo para preparaciones en el horno, pero son más delicados: se aconseja cocinar a fuego lento, ya que de lo contrario, se pueden romper.

Aluminio. No se aconseja, ya que puede desprender residuos tóxicos para la salud.

Hierro. Es un material muy resistente, pero tiene la desventaja de que no es apto para el microondas.

Recetas de **Primavera**

Recetas de **Verano**

Pág. 46
Pasta con
y pimientos

Pág. 47
Tomate con
mozzarella

Pág. 48
Salmorejo
cordobés

Pág. 49
Ensalada de
patata y atún

Pág. 50
Tagliatelle
al pesto

Pág. 51
Ensalada
de higos

Pág. 52
Pizza integral
de verduras

Pág. 53
Tzaziki griego
(crema de yogur)

Pág. 54
Salmonetes
al horno

Pág. 55
Filetes de
jurel al vapor

Pág. 56
Sardinas
en papillote

Pág. 57
Chipirones
"mar y montaña"

Pág. 58
Berenjenas rellenas
de carne

Pág. 59
Lomo con
manzanas

Pág. 60
Carpaccio
de buey

Pág. 61
Pavo con
frutos rojos

Pág. 62
Sorbete
de ciruelas

Pág. 63
Flan de queso
con arándanos

Pág. 64
Mousse
de vainilla

Pág. 65
Brochetas
exóticas

Recetas de Otoño

Recetas de Invierno

Pág. 90
Consomé de pollo

Pág. 91
Endibias con salmón

Pág. 92
Crema de puerros

Pág. 93
Ensalada de escarola

Pág. 94
Alubias con brócoli

Pág. 95
Crema de coliflor

Pág. 96
Sopa de pasta rellena

Pág. 97
Verduras al horno

Pág. 98
Cardo con almejas

Pág. 99
Merluza al tomillo

Pág. 100
Chipirones con brócoli

Pág. 101
Lubina al horno con tomatitos

Pág. 102
Besugo al hinojo con puré

Pág. 103
Solomillo con piña y mostaza

Pág. 104
Rosbif a la inglesa

Pág. 105
Pavo con crema de almendras

Pág. 106
Macedonia de piña y naranja

Pág. 107
Crema de yogur con kiwi

Pág. 108
Copa de cítricos

Pág. 109
Peras al sirope de lima

Recetas de Todo el año